Adolf Schmidt-Scharff

Das Warenpapier beim See und BinnenTransport

Adolf Schmidt-Scharff

Das Warenpapier beim See und BinnenTransport

ISBN/EAN: 9783742896162

Hergestellt in Europa, USA, Kanada, Australien, Japan

Cover: Foto ©ninafisch / pixelio.de

Manufactured and distributed by brebook publishing software (www.brebook.com)

Adolf Schmidt-Scharff

Das Warenpapier beim See und BinnenTransport

Inhalt.

I. Teil.

	Seite
Einleitung	1

II. Teil.

Erster Abschnitt: Ausstellung 6
   Kapitel I. Verpflichtung zur Ausstellung 6
      „ II. Inhalt und Form 9
      „ III. Wesen der Verpflichtung 15
          A. Ein Empfangsbekenntnis als causa der Verpflichtung 15
          B. Ein Auslieferungsversprechen als Ausdruck derselben 17
          C. Einseitigkeit der Verpflichtung 18
          D. Skripturobligation? 21
      „ IV. Konnossement und Frachtvertrag 23

Zweiter Abschnitt: Uebertragung 25
   Kapitel I. Wirkung der Uebertragung in obligatorischer Hinsicht 25
      „ II. Wirkung der Uebertragung in dinglicher Hinsicht 29

Dritter Abschnitt: Erfüllung 39
   I. In Bezug auf das Empfangsbekenntnis 39
   Kapitel I. Vertretung des Empfangsbekenntnisses 39
      „ II. Umfang der Haftung 46
      „ III. Ausschliessung der Vertretung des Empfangsbekenntnisses 47
   II. In Bezug auf das Auslieferungsversprechen. 52
   Kapitel IV. In Gemässheit des Auslieferungsversprechens .. 52
      „ V. Unter Modifizirung desselben 55
      „ VI. Die Haftung aus dem receptum und Ausschliessung derselben 58

III. Teil.

Schluss 61

Verzeichnis der angeführten Erkenntnisse 63

Erläuterung der Abkürzungen.

A. = Archiv.
Buschs A. = Archiv für Theorie und Praxis des allgemeinen deutschen Handelsrechts, seit 1862.
in E. = in Endemanns Handbuch des Handelsrechts.
Eger = Eger, Frachtrecht.
Goldschmidt = Goldschmidts Handbuch des Handelsrechts.
Hamb. GZ. = Hamburgische Gerichtszeitung. 1861—1868.
Hans. GZ. = Hanseatische Gerichtszeitung, Hauptblatt, seit 1880.
Hermann und Hirsch = Sammlung seerechtlicher Erkenntnisse des Handelsgerichts zu Hamburg 1871.
HGB. = Handelsgesetzbuch.
HGZ. = Hamburgische Handelsgerichtszeitung, Hauptblatt, 1868—1879.
HR. = Handelsrecht.
Kierulf = Sammlung der Entscheidungen des Oberappellationsgerichts zu Lübeck 1866 ff.
Lewis = Lewis Handbuch des Seerechts.
OAG. = Oberappellationsgericht.
Prot. = Protokolle der Kommission zur Beratung eines allgemeinen deutschen Handelsgesetzbuches.
RG. = Entscheidungen des Reichsgerichts in Zivilsachen.
ROHG. = Entscheidungen des Reichsoberhandelsgerichts.
Seebohm = Sammlung seerechtlicher Erkenntnisse des Handelsgerichts zu Hamburg, 1865 f.
Seuffert = Archiv für Entscheidungen der höchsten Gerichte.
Striethorst = Archiv für Rechtsfälle, die zur Entscheidung des königlichen Obertribunals gelangt sind.
Thöl = Thöl, Handelsrecht. Bd. III. Das Transportgewerbe.
Ullrich = Sammlung seerechtlicher Erkenntnisse des Handelsgerichts zu Hamburg 1858.
WO. = Wechselordnung.
Z. f. HR. = Zeitschrift für das gesamte Handelsrecht, herausgegeben von Goldschmidt u. s. w.

I. Teil.

Einleitung.

Der Handel der Jetztzeit kennt eine Anzahl Institute, die demjenigen früherer Zeiten unbekannt oder wenigstens nicht nachweislich bekannt waren. Zu den ersteren gehören vor allem die Wertpapiere des heutigen Rechts, nämlich die Korporations-, die Forderungs- und die sachenrechtlichen Wertpapiere. In letztere Kategorie reiht man die Traditionspapiere, unter welchen die Transportpapiere, Konnossement und Ladeschein, die wichtigsten sind.

Sie verdanken ihre Entstehung der Entwicklung des Verkehrs. Nicht als ob der Verkehr in früheren Zeiten weniger entwickelt gewesen wäre. Stets umfasste der Handel die ganze bekannte Welt. In dem vom römischen Reiche umspannten Mittelmeerbecken mit all seinen alten Kulturländern stand er wohl dem unsrigen an Lebhaftigkeit nicht nach. Dennoch finden wir dort kein dem Konnossement vergleichbares Institut. Das bürgerliche Recht wenigstens, das einen guten Teil seiner Ausbildung dem Peregrinen-, also dem Handelsrechte verdankte, würde die Bildung eines Instituts des Handels nicht gehemmt haben. Aber die Verhältnisse waren andere. Der phönicische Kaufmann fuhr selbst auf eigenem Schiff; er verkaufte selbst an geeignetem Ort seine Waren; der römische Kaufmann entsendete das Schiff unter Leitung des exercitor, seines Vertreters. Stets also begleitete der Ladungsinteressent in eigener oder in Person seines Vertreters die Ware. Ein Papier, das diese Begleitung ersetzt, brauchte und konnte sich nicht entwickeln.

Dasselbe Verhältnis finden wir im Mittelalter[1]). Die verschiedenen Gesellschaftsformen, die sich im Seehandel entwickeln, haben zur wesentlichen Voraussetzung die Anwesenheit der Ladungsinteressenten auf dem Schiffe.

Aber allmählich machten die Entstehungen von Handelsniederlassungen, das Aufkommen des Kommissions- und des Versicherungsgeschäfts diese Anwesenheit überflüssig. Die Folge des Nichtbegleitens der Ladungsgegenstände war die Ausbildung des Konnossements als eines Papiers, welches das Bekenntnis des Schiffers enthält, eine bestimmte Ware zum Transport empfangen zu haben, und sein Versprechen, dieselbe bestimmmungsgemäss auszuliefern.

In dieser Bedeutung entwickelte sich das Konnossement im Seehandelsverkehr; bei der Kodifizierung des deutschen Seerechts hatte man nur nötig, den feststehenden Handelsgebrauch gesetzlich zu fixieren. Für den Binnentransport fand man ein ähnliches Institut im Verkehr nicht vor; aber, ausgehend von der „prinzipiellen Gleichheit der Verhältnisse beim See- und Binnentransport" glaubte man, auch bei letzterem einem gleichen Bedürfnis nach- oder vielmehr entgegenkommen zu sollen. So schuf man hier den Ladeschein und zwar ausgesprochenermassen nach dem Vorbild des Konnossements.

Trotzdem ist festzustellen, inwieweit das jüngere Institut sein Vorbild erreichen sollte, es erreicht hat oder überhaupt erreichen kann.

Für den ersten Punkt ergibt sich aus den Protokollen der Beratungskommission, dass nach der Ansicht des Gesetzgebers die Lücken der gesetzlichen Bestimmungen über den Ladeschein „durch analoge Anwendungen der Bestimmungen des Seerechts über das Konnossement" ausgefüllt werden sollten.

Etwas anders allerdings stellt sich die Verwirklichung der „glücklichen Idee"[2]) des Gesetzgebers von der „prinzipiellen

---

[1]) Wagner, Handbuch des Seerechts § 2.
[2]) Prot. 447.

Gleichheit" des Konnossements mit dem Ladeschein in der Uebung der Praxis dar.

Nicht nur, dass bei der Flussschiffahrt der Ladeschein höchstens auf der Elbe[1]) und im polnischen Getreidehandel[2]) in allereinfachster Gestalt in Uebung ist; vielmehr ist ihm für den Landtransport fast jegliche Bedeutung genommen, da die Eisenbahnen die Ausstellung von Ladescheinen, obschon sie nicht mehr reglementsmässig verboten ist,[3]) doch fortdauernd ablehnen. So sind die Ladescheine schon in ihrer einfachsten Form in geringer Verbreitung[4]), jedes Abweichen vollends von dieser einfachen Form erregt Misstrauen und Prozesse.

Noch weiter in dieser negierenden Richtung führt uns die dritte Frage: „wieweit der Ladeschein sein Vorbild überhaupt erreichen kann?". Denn sie zeigt uns die grosse Verschiedenheit der wirtschaftlichen Grundlagen des See- und des Fluss- oder Landtransportes[5]). Zunächst zwischen dem See- und dem Landtransport: der Unterschied im Beladungsraum; dort das Seeschiff, dessen Bestimmung schon eine gewisse Grösse bedingt, hier der Eisenbahnwaggon, der als selbständiger Beladungsraum doch wohl etwas zu klein ist; der Unterschied in der Beförderungszeit, die über See Wochen und Monate beträgt, durch ganz Deutschland hindurch auf der Eisenbahn selten mehr wie 8 Tage; es fällt also bei diesem raschen Transport der eine Hauptzweck des Ladescheins, die Beförderung des Güterumlaufs während des Transportes, fort; es bleibt nur der andere, die Begründung einer strengeren skripturmässigen Obligation: dass unter diesen Umständen den Eisenbahnen die frühere Praxis „mehr konveniert"[6]) lässt sich wohl rechtfertigen.

---

[1]) Handelsgericht zu Hamburg 5. Febr. 1862 in Hermann und Hirsch No. 4.
[2]) Goldschmidt, Z. f. HR. XXIX. S. 29.
[3]) Regl. 1870 B § 5. Z. 6. — Regl. v. 1874 § 50.
[4]) Goldschmidt, Z. f. HR. XXIX. S. 29.
[5]) Goldschmidt, Z. f. HR. XXIX. S. 22.
[6]) Puchelt art. 413 No. 1.

Eine Verschiedenheit der Verhältnisse bei See- und Flusstransport ergibt sich noch aus der Art des Gewerbebetriebs und der damit beschäftigten Personen.

Die Rheder sind Vollkaufleute;[1]) ihr Geschäft ist objektives Handelsgeschäft nach art. 271. 4: die Hilfspersonen, deren sie sich in ihrem Gewerbebetrieb bedienen, pflegen erfahrene und kaufmännisch gebildete Leute zu sein.[2]) Diese wissen also genau, welche Verpflichtung sie mit der Zeichnung übernehmen, wie sie dieselbe bei der Zeichnung event. modifizieren können: für sie bietet das alt bekannte und -geübte Konnossement keine Gefahr.

Anders die Binnenfrachtführer. Sie sind vielfach Leute niederen Standes, als gewöhnliche Fuhrleute, gewöhnliche Schiffer[3]) Kaufleute minderen Rechts; ihr Geschäft ist nur subjektives — wird also erst durch mehrfache Ausübung zu einem — Handelsgeschäft.[4]) Zudem treiben sie ihr Gewerbe meist mit oder durch Knechte und Kahnschiffer. Für diese Leute liegt in der strengen Verpflichtung des Ladescheins eine grosse Gefahr; selten werden sie sich bei der Unterzeichnung des Ladescheins bewusst sein, welche Verpflichtung sie übernehmen. Bei komplizierter abgefassten Scheinen wird ihnen oft die Anziehung der meist wohl unbekannten Seerechtsbestimmungen Schaden bringen.

So sehen wir, dass trotz des ausgesprochenen Willens der Beratungs-Kommission der Anwendung der Konnossementsgrundsätze auf den Ladeschein erhebliche Bedenken entgegenstehen und jedenfalls dabei grösste Vorsicht geboten ist.

Die Theorie hat sich mannigfach über das Verhältnis von Konnossement und Ladeschein geäussert. Es ist ja überhaupt der Ladeschein eine Art Schmerzenskind der Theoretiker in der Kommission gewesen, dem sie gegen die Stimmen der Praktiker, z. B. der gesamten Eisenbahnver-

---

[1]) HGB. art. 4.
[2]) Goldschmidt in der Z. f. HR. XXIX. 32 f.
[3]) HGB. art. 10.
[4]) HGB. art. 272. 3.

waltungen, zur gesetzlichen Existenz verhalfen. Aber eben darum ist es auch ihr Lieblingskind geworden und meist haben sie sich bemüht,[1]) es gleichfalls mit allem dem auszustatten, was sein älterer Bruder, das Konnossement, an positiven Sätzen erhalten hat.[2])

Andere Schriftsteller dagegen suchten Unterschiede zwischen den beiden Instituten und fanden sie teils[3]) in dem Fehlen des art. 649, dem Fehlen der Verpflichtung zur Ausstellung des Ladescheins; teils[4]) in dem Nichtvorhandensein von art. 653 S. 2 und den sich daran knüpfenden Konsequenzen beim Ladeschein.

Schliesslich hat in neuester Zeit Goldschmidt[5]) seine oben erwähnte Ansicht dahin modifiziert, dass er, besonders wegen der Verschiedenheit der wirtschaftlichen Grundlagen, die unbedingte Anwendung aller Konnossementsgrundsätze auf den Ladeschein nicht mehr für angebracht, hingegen bei der derartigen Verwendung jedes einzelnen Rechtssatzes sorgsame Prüfung für erforderlich hält.

Auch unseres Erachtens kann nur eine derartige Prüfung der einzelnen Rechtssätze ein richtiges und praktisches Resultat ergeben.

---

[1]) Goldschmidt, Handbuch § 75. S. 764 ff. — Eger. Bd. III. S. 8—16. — Puchelt, art. 415 No. 2 u. 3.
[2]) Goldschmidt l. c. „soweit nicht der erkennbare Wille der Beteiligten oder der Handelsgebrauch entgegensteht, gelten schlechthin die Grundsätze vom Seekonnossement" unter Berufung auf die Motive u. Prot.
[3]) v. Gerber, § 183, A. 15.
[4]) v. Hahn, art. 415 § 3.
[5]) Goldschmidt in der Z. f. HR. XXIX. S. 27.

II. Teil.
I. Abschnitt. Ausstellung.

Kapitel I.
Verpflichtung zur Ausstellung.

I.

Die Verpflichtung zur Ausstellung von Konnossementen[1]) tritt ein nicht auf Grund des Frachtvertrags, sondern auf Grund der — allerdings in Gemässheit des Frachtvertrags — bewirkten Abladung: sie ist gesetzliche Folge derselben. Der Schiffer ist zur Ausstellung des Konnossements verpflichtet gegen Rückgabe des etwa bei der Annahme der Güter erteilten vorläufigen Empfangsscheins; aber nicht gegenüber dem Inhaber dieses Scheins,[2]) sondern gegenüber dem Ablader, wenngleich nur gegen Rückgabe desselben.

Natürlich kann die Verpflichtung zur Ausstellung durch entgegengesetzte Vereinbarung ausgeschlossen werden.

Beim Ladeschein ist die Ausstellung dem freien Ermessen des Frachtführers überlassen, indem nicht das Gesetz, sondern nur „Uebereinkommen" mit dem Absender ihn zu derselben nötigen kann.[3])

II.

Als Zeitpunkt[4]) für die Ausstellung des Konnossements ist bestimmt: „nach jeder einzelnen Abladung," also bei Stückgüterfracht nicht erst nach völliger Beladung des

---

[1]) HGB. art. 644. 1. Goldschmidt § 71. S. 666
[2]) Lewis Seerecht, art. 644 No. 1.
[3]) HGB. art. 413. — Thöl III. 77.
[4]) HGB. art. 644.

Schiffes. Und zwar muss dann das Konnossement „ohne Verzug"[1]) ausgestellt werden; für die Bedeutung dieser Fristbestimmung ist der örtliche Handelsgebrauch entscheidend und eventuell die Rücksicht auf den üblichen ordnungsmässigen Geschäftsgang.

Beim Ladeschein ist über beide Punkte nichts bestimmt, doch tritt die Pflicht zur Ausstellung auch hier[2]) erst nach Abladung der Güter ein. Und wenn wir für die Festsetzung der Frist zwischen Abladung und Ausstellung den Handelsgebrauch und eventuell die Rücksicht auf ordnungsmässigen Geschäftsgang unter Erwägung der konkreten Umstände entscheiden lassen, so brauchen wir uns dazu nicht einmal auf die Bestimmung des art. 644 zu berufen.

III.

Ueber die Zahl der auszustellenden Exemplare haben wir beim Konnossement drei Bestimmungen.[3]) Danach ist in Bezug hierauf der Schiffer dem Verlangen des Abladers unterworfen. Doch muss und darf[4]) er die Zahl der ausgestellten Exemplare in denselben angeben und kann, gestützt hierauf, wohl auch späteren Nachforderungen des Abladers widerstehen.

Zum Umlauf ist regelmässig nur ein Exemplar bestimmt; die andern bleiben in der Hand des Abladers oder seiner Nachmänner oder Vertreter als Beweismittel zurück; auch kann der Ablader durch Nachsendung eines zweiten Exemplars eventuell die Auslieferung an den bezeichneten Empfänger verhindern.

Ueber Ladeschein-Duplikate hat man im Gesetz, nach vielfachem Schwanken der Kommission, nichts bestimmt. Man gab der Ansicht Raum, dass deren Entwicklung der

---

[1]) Lewis Seerecht I., art. 644 No. 3.
[2]) arg. art. 414. — Schott in E. III. 426.
[3]) HGB. art. 644, Abs. 1. — 644, Abs. 2. — 645, Z. 10.
[4]) Goldschmidt § 71, S. 675 N. 2.

Praxis und der Jurisprudenz zu überlassen sei, ausserdem die Analogie der Bestimmung über das Konnossement für deren Beurteilung ausreichen werde.[1])

In der Praxis nun sind Ladeschein-Duplikate nicht in Uebung; vorkommenden Falls hat sich die Jurisprudenz meist für Anwendbarkeit der Konnossementsbestimmung erklärt.[2]) Auch wir können uns hier anschliessen, da die in den betreffenden Artikeln gegebenen Vorschriften dem Zwecke der Duplikate, dem Bedürfnis und auch wohl der Absicht der Parteien entsprechen.[3])

IV.

Ueblich ist bei Konnossementen die sog. cassatorische Klausel: „die für eins gelten": sie hat die Bedeutung, dass nach Ablieferung der Güter auf ein Exemplar die übrigen von selbst erloschen sein sollen. Doch ist sie nicht erforderlich, da die beabsichtigte Wirkung schon kraft Gesetzes eintritt.[4])

Sollte diese Klausel bei Ladeschein-Duplikaten vorkommen, so wird sie ebenso zu beurteilen sein.[5])

---

[1]) Prot. 4775. 5105.

[2]) Goldschmidt, § 75. S. 762. — Puchelt, art. 413 No. 5. S. 404.

[3]) Anders allerdings entschied das Preuss. Obertrib., Erk. vom 26. April 1864 in Seuffert XX. No. 170, für strikte Interpretation des Wortlauts: „einen Ladeschein ausstellt" (art. 413) und für Unanwendbarkeit der art. 647. 661 auf den Ladeschein, weil in denselben von Konnossementen in mehreren Exemplaren gesprochen sei.

[4]) Goldschmidt § 72, S. 694 u. N. 25. — HGB. art. 650. — Vivante la polizza di carico. S. 88. — Leggett, A treatise on the law of bills of lading. S. 315.

[5]) Vollständig verkennt ihre Bedeutung das obenerwähnte Erkenntnis des Obertribunals: es erklärt sie dahin, dass beide Ladescheine einen Ladeschein in einem Exemplar darstellen! dass der Empfänger, um legitimirt zu sein, durch Indossament in den Besitz der beiden für Eins geltenden Ladescheine hätte gelangt sein müssen!!

Kapitel II.
Inhalt und Form.

I.

Eine Definition[1]) des altbekannten Konnossements ist im Gesetz nicht aufgestellt.[2]) Beim Ladeschein findet sich anscheinend eine solche in art. 413, Abs. 2: „Der Ladeschein ist eine Urkunde, durch welche der Frachtführer sich zur Aushändigung des Gutes verpflichtet." Aber diese Definition ist offenbar nicht erschöpfend. Um dies zu sein, müsste sie aus den Kriterien der artt. 414—418 ergänzt werden.[3])

Es ist aber auch gar nicht die Absicht des Gesetzgebers gewesen,[4]) eine vollständige Definition des Begriffs „Ladeschein" zu geben, sondern lediglich, das Charakteristische des Ladescheins — im Gegensatz zu anderen Transportpapieren, insbesondere dem Frachtbrief — hervorzuheben.

Es soll dem gewöhnlichen Fuhrmann, dem gewöhnlichen Schiffer gleich vor Augen geführt werden, dass er sich in dieser Urkunde verpflichtet, und es soll ihm zum Bewusstsein kommen, dass ein Hauptzweck des von ihm auszustellenden Papiers die Begründung einer strengeren Verpflichtung seinerseits ist.

II.

In Betreff der Form des Konnossements resp. Ladescheins finden wir fast gleichlautende Bestimmungen in den artt. 645 und 414. Ueber die Bedeutung dieser Formvorschriften war man in der Beratungskommission verschiedener

---

[1]) cf. die Definition in Dernburgs Pandekten I. pag. 404: „Konnossement ist die Urkunde, in welcher ein Schiffer die Einladung von Waren in das von ihm geführte Seeschiff bezeugt und deren Aushändigung an den Inhaber des Konnossements verspricht." Aber abgesehen davon, dass man statt „Einladung" lieber „Empfang", statt „bezeugt" lieber „bekennt" setzen möchte, ist die Definition in ihrem zweiten Satz ungenau und unrichtig.

[2]) Goldschmidt, S. 654. A. 2. — Eger III. 23.

[3]) v. Kraewel, S. 585. — Brix, S. 411, 412.

[4]) v. Hahn, art. 413 § 4.

Ansicht: der Preussische Entwurf verlangte:[1] „Jedes Konnossement muss enthalten". Aus mancherlei Erwägungen wurde schliesslich[2] dafür gesetzt: „das Konnossement enthält". Es sind dann vom Gesetz die wesentlichen und üblichen Bestandteile eines Konnossements angeführt, es ist ein gesetzlicher Minimalinhalt angegeben, auf dessen Aufnahme jeder Teil ein Recht hat.[3]

Die Entwicklung derselben Bestimmung beim Ladeschein hat sich derjenigen beim Konnossement angeschlossen.

Die vom Gesetz angegebenen Bestandteile eines Konnossements sind nun folgende:

1) art. 414 Z. 1. „Die Bezeichnung der geladenen Güter nach Beschaffenheit, Menge und Merkzeichen."

cf. art. 645 Z. 7. „Die Bezeichnung der abgeladenen Güter, deren Menge und Merkzeichen."

Die Hervorhebung des „abgeladen", „geladen" ist zu dem Zweck geschehen, um anzudeuten, dass die Ausstellung des Konnossements oder Ladescheins erfolgt, nachdem und weil die Güter wirklich geladen sind.[4]

Auch für das Konnossement hatte der preussische Entwurf[5] „Bezeichnung ... nach Gattung ... etc." verlangt, doch wurde dies nicht aufgenommen. Indes wird dadurch keine allzugrosse Verschiedenheit begründet, da art. 645 Z. 7 in art. 654 Abs. 1 seine Ergänzung findet.[6]

2) art. 414 Z. 2. „Den Namen und Wohnort des Frachtführers."

cf. art. 645 Z. 1. „Den Namen des Schiffers."

---

[1] Preuss. Seerechtsentwurf art. 484. — Demgemäss Entw. I. art. 349. — Prot. 2202 ff.

[2] Entw. II. art. 386. Prot. 4770.

[3] Goldschmidt, § 71 S. 668 u. N. 11, § 75 S. 761 u. N. 83. Puchelt, art. 414 No. 1. — Thöl III. S. 78. — ROHG. 14 April 1875. Entsch. Bd. XVII. 96.

[4] Urteil des Handelsgerichts zu Hamburg vom 1. Nov. 1852 in Ullrichs Sammlung No. 80.

[5] Preuss. Entwurf zum Seerecht art. 484 Z. 5.

[6] Lewis art. 654 No. 1.

Die Beifügung des Wohnorts des Schiffers ist nicht verlangt, weil sie in Deutschland nicht gebräuchlich sei.

3) art. 414 Z. 3. „Den Namen des Absenders."

cf. art. 645 Z. 3. „Den Namen des Abladers."

Es genügt bei Konnossement und Ladeschein die Bezeichnung des Namens in beliebiger Form.[1]) Jedenfalls aber ist die Angabe dieses Namens dann erforderlich, wenn das Konnossement oder der Ladeschein lediglich an Order gestellt ist.[2])

4) art. 414. 4. „Den Namen desjenigen, an den oder an dessen Order das Gut abgeliefert werden soll."

cf. art. 645 Z. 4 „Den Namen des Empfängers" in Verbindung mit art. 646 Satz 1: „Auf Verlangen des Abladers ist das Konnossement, sofern nicht das Gegenteil vereinbart ist. an die Order des Empfängers oder lediglich an Order zu stellen."

Da wir hier von der Form des Konnossements und Ladescheins, von der Art und Wirkung der Anorderstellung erst später handeln, berührt uns nur die Frage, ob der Schiffer resp. Frachtführer zur Stellung an Order verpflichtet ist.

Für das Konnossement ist in art. 646 festgesetzt, dass diese Verpflichtung dem Verlangen des Abladers gegenüber bestehe. sofern nicht das Gegenteil vereinbart ist.

Für den Ladeschein bildet allerdings nach Goldschmidt Orderqualität nicht einmal die Regel.[3]) Eger[4]) schliesst, wie üblich, „aus der vom Gesetzgeber beabsichtigten Uebereinstimmung der Vorschriften über das Konnossement und den Ladeschein", dass auch hier dasselbe anzunehmen. also der Frachtführer verpflichtet sei. den Ladeschein auf Verlangen des Absenders an Order zu stellen, sofern nicht das

---

[1]) Goldschmidt § 71. S. 669.
[2]) v. Hahn. art. 414 § 3.
[3]) Goldschmidt § 75 S. 761 und N. 84.
[4]) Eger. Frachtrecht III 41.

Gegenteil vereinbart ist. Anschütz[1]) nimmt dasselbe an, weil im Handelsverkehr die Orderqualität die Regel bilde, also zu den üblichen Formen des Ladescheins gehöre. Ebenso Puchelt[2]), obwohl nach Goldschmidt die Orderqualität nicht die Regel sei. Es bestimmt ihn die Erwägung, „dass ohne Indossament der Ladeschein seinem eigentlichen Zweck weniger entspricht".

Wir gelangen zu demselben Resultat durch andere Begründung. Wenn nicht das Gegenteil verabredet, auch kein entgegengesetzter Wille erkennbar ist, so hat, nachdem Absender und Frachtführer über die Ausstellung eines Ladescheins „übereingekommen" sind, der erstere ein Recht, den gesetzlich festgestellten üblichen Inhalt zu verlangen. In art. 414 Z. 4 steht aber gleichberechtigt: „den Namen desjenigen an den oder an dessen Order"; so gut wie das eine, kann der Absender auch das andere verlangen. Wenn der Frachtführer sich einem solchen Verlangen entziehen will, so mag er es vorher, bei Gelegenheit des „Uebereinkommens", ausschliessen.

5) art. 414 Z. 5. „Den Ort der Ablieferung."

cf. art. 645 Z. 6. „Den Löschungshafen oder den Ort, an welchem Order über denselben einzuholen ist."

Die in art. 414 Z. 5 nicht aufgenommene Bestimmung von art. 645 Z. 6 ist selbstverständlich, gilt darum auch für den Ladeschein.[3])

6) art. 414 Z. 6. „Die Bestimmung in Ansehung der Fracht."

Gleichlautend art. 645 Z. 8.

7) art. 414 Z. 7. „Den Ort und Tag der Ausstellung."
Ebenso art. 645 Z. 9.

Drei weitere Erfordernisse des Konnossements:

---

[1]) Anschütz, Kommentar III 130. — Keyssner, Kommentar S. 473.
[2]) Puchelt art. 414 No. 3.
[3]) Goldschmidt § 75 S. 761 N. 53. Einen Fall dieser Art enthält das Erkenntnis des Handelsgerichts zu Hamburg in der HGZ. VII No. 286.

art. 645 Z. 2. „Den Namen und die Nationalität des Schiffes"

art. 645 Z. 5. „Den Abladungshafen"

art. 645 Z. 10. „Die Zahl der ausgestellten Exemplare" sind beim Ladeschein zwar an sich denkbar, aber als bei diesem ungebräuchlich vom Gesetz nicht erwähnt.

III.

Wir haben damit die Bestandteile des Konnossements und Ladescheins angegeben, die das Gesetz für so wesentlich und so üblich hält, dass es durch die Aufzählung jedem Teil ein Recht auf ihre Aufnahme gewähren zu müssen glaubt.[1] Keineswegs aber ist davon die Gültigkeit des Konnossements oder Ladescheins abhängig gemacht worden.[2] Allerdings sind die angegebenen Bestandteile teils so wesentlich, teils so selbstverständlich, dass ein Konnossement oder ein Ladeschein, welcher nicht alle diese Punkte enthält, vielleicht weniger brauchbar ist; er ist aber darum nicht ungültig.[3] Vielmehr entscheidet bei Unvollständigkeit der Erfordernisse über die Frage der Gültigkeit oder Brauchbarkeit als Konnossement oder Ladeschein freies richterliches Ermessen.

Von Andern allerdings[4] wird die **formelle** Natur des Konnossementes betont. Doch ergibt sich diese weder aus dem Gesetz, noch aus den Protokollen, noch aus der Absicht des Verkehrs, steht sogar mit ihnen im Widerspruch: das Konnossement **muss** nicht enthalten, sondern es „**enthält**" die üblichen Bestandteile.

Die Idee Exners, dem Konnossement eine Photographie mit einer die Auslieferung nur gegen diese zusichernden Abrede zu substituiren, ist mehr originell wie richtig. Würde

---

[1] Goldschmidt § 71 S. 668, § 75 S. 761. — Thöl III 78.

[2] Erkenntnis des Obergerichts zu Hamburg, 23. Novbr. 1877, HGZ. X 215.

[3] v. Hahn art. 392 § 1. — Makower art. 414 cr. 37. — Puchelt art. 414 No. 1. — ROHG. 14. April 1875. Entsch. Bd. XVII 96.

[4] Exner, Krit. Vierteljahrsschrift XIII S. 315. — Gareis, Handelsrecht S. 578.

aber auf diese Photographie der Schiffer auch nur ein Empfangsbekenntnis in Betreff der zum Transport erhaltenen Ware und ein Auslieferungsversprechen schreiben (s. unten), dann könnte Exner diese Photographie ruhig als ein zwar unvollkommenes, aber doch wirksames Konnossement benutzen, denn Empfangsbekenntnis und Auslieferungsversprechen sind diejenigen begrifflich notwendigen Bestandteile, durch welche die Urkunde sich als Konnossement ausweist.[1])

IV.

Anders wie mit den vorerwähnten Erfordernissen verhält es sich, angedeutet durch den Wortlaut und abgesonderte Stellung, mit dem in art. 414, Abs. 2 angegebenen:

„Der Ladeschein muss von dem Frachtführer unterzeichnet sein." Das Fehlen der Unterschrift macht also den Ladeschein ungültig.[2]) Und zwar ist diese Bestimmung eine Konsequenz aus art. 413, 2 und aus derselben Absicht hervorgegangen. Beim Konnossement ist über die Unterschrift des Schiffers keine Bestimmung gegeben. Man hielt diese für selbstverständlich und wollte ausserdem den Handelsgebrauch nicht belasten. demzufolge häufig eine andere, zur Vertretung des Verfrachters ermächtigte Person unterzeichnet.[3])

---

[1]) Aus art. 653 „ergibt sich, dass das Konnossement eine selbständige, von dem Frachtvertrag unabhängige Verpflichtung enthält, die Ausweise des Empfangsbekenntnisses in dem Konnossemente, verladene Ware nach Ankunft am Bestimmungsort dem Empfänger auszuliefern." Erkenntnis des Handelsgerichts zu Hamburg, 20. Febr. 1883 in der Hans. GZ. IV 46.

[2]) Erkenntnis des Handelsgerichts zu Hamburg vom 25. Okt. 1872, HGZ. V No. 290. — Erkenntnis des Handelsgerichts zu Hamburg vom 16. Mai 1873, HGZ. VII No. 268.

[3]) Goldschmidt § 71 S. 671. — Erkenntnis des OAG., 14. Juni 1866, in Kierulf, Bd. II S. 405 ff. — In dem cit. Erkenntnis des Hamburger Handelsgerichts vom 25. Okt. 1872 wird für einen giltigen Ersatz der Unterschrift des Schiffers ein Stempel der Rhederei: „Dampfschiffsrhederei von H. J. Perlebach & Co." erklärt.

Den dadurch herbeigeführten Unterschied zwischen Konnossement und Ladeschein können wir dahin formulieren:

Das Konnossement unterzeichnet der Schiffer oder ein hierzu ermächtigter Vertreter des Verfrachters, unter ausdrücklicher, stillschweigender oder präsumierter Zulassung von Seiten des Schiffers;[1]) den Ladeschein unterzeichnet der Frachtführer oder ein Vertreter desselben, aber nur auf Grund spezieller Ermächtigung von Seiten des Frachtführers.[2])

V.

Eine von dem Absender unterzeichnete Kopie des Ladescheins resp. Konnossements kann der Frachtführer nach art. 414, Abs. 3, der Schiffer nach der entsprechenden Vorschrift in art. 644, Abs. 3, verlangen. Es kann ihm ein vom Absender unterzeichnetes Dokument von Nutzen sein, der Zollbehörde[3]), wie auch seiner selbst wegen, da das Konnossement, als von ihm selbst ausgestellt, zu seinen[4]) Gunsten keinen Beweis macht.[5])

Kapitel III.

Wesen der Verpflichtung.

A.

Zur Uebernahme der Konnossementsverpflichtung wird der Schiffer veranlasst durch den Abschluss eines Frachtvertrags. Die Verpflichtung selbst geht auf Auslieferung (restituere) der empfangenen species, nicht auf Lieferung

---

[1]) ROHG. 20. Okt. 1874. Entsch. Bd. XIV 336.   RG. 9. Okt. 1880 Entsch. Bd. II 127. — Erkenntnis des Handelsgerichts zu Hamburg, 9. Jan. 1874, HGZ. VIII No. 2.
[2]) ROHG. 14. April 1875. Entsch. Bd. XVII. 96.
[3]) v. Hahn art. 414 § 4. — Prot. 1241.
[4]) Prot. 2194, 2195.
[5]) Erkenntnis des Handelsgerichts zu Hamburg. 19. Sept. 1878, in Busch XXVII 151. — So auch die Ital. Praxis: Vivante la polizza di carico S. 15.

einer generell oder selbst individuell bezeichneten Ware.¹) Darum ist sie nicht eine abstrakte oder formelle Verpflichtung;²) es gehört zu ihrem Wesen die Angabe des Grundes: die species, die restituirt werden soll, muss empfangen sein; es ist der Empfang der species der Grund der Restitutionsverbindlichkeit.

Es frägt sich aber, ob dieser Rechtsgrund der Verpflichtung³) in der Urkunde selbst enthalten sein muss oder vielleicht schon an sich enthalten ist.

Im Verkehr ist die Angabe im Konnossement und Ladeschein, dass die Güter zum Transport empfangen seien, durchaus üblich; dementsprechend hat auch die Theorie⁴) entschieden, dass notwendig im Konnossement und Ladeschein ein solches Empfangsbekenntnis enthalten sein müsse⁵;) und zwar entweder ausdrücklich oder stillschweigend, indem ein solches Bekenntnis schon aus den Umständen, aus den Worten „Frachtführer", „Ablieferung" oder ähnlichen zu entnehmen sei.⁶)

Ist also das ausdrückliche oder stillschweigende Empfangsbekenntnis⁷) im Konnossement und Ladeschein so wesentlich, dass ein Konnossement ohne dies Bekenntnis kein Konnossement mehr wäre?

---

¹) Goldschmidt § 72 S. 685 u. N. 8.
²) Goldschmidt, Z. f. HR. XXIX 24 N. 7. — RG. 1. Okt. 1881. Entsch. Bd. V. 80. — Lewis art. 653 No. 1.
³) Auf Thöls Meinung, dass der Frachtvertrag die „causa" des im Ladeschein enthaltenen Schuldversprechens sei, und die zwischen ihm und Goldschmidt entstandene Controverse ist hier des Näheren nicht einzugehen. cf. Thöl III 79. — Handelsrechtl. Erörterungen. 1882, S. 25—27. Goldschmidt, Z. f. HR. XXVI 608. — Replik ibid. XXVIII 448.
⁴) Thöl, Handelsrecht III S. 77. — Goldschmidt § 72 S. 685 und N. 8. — Eger III 27. 59.
⁵) RG. 1. Okt. 1881. Entscheid. Bd. V. 80. — Lewis I 390. — Goldschmidt, Z. f. HR. XXIX 24 N. 7.
⁶) Thöl. Handelsrecht III S. 77.
⁷) Wo wir im Folgenden von „Empfangsbekenntnis" schlechthin reden, ist darunter stets wie hier das Bekenntnis zu verstehen, „die Waren zum Transport empfangen zu haben".

Die Frage ist wohl zu bejahen. Denn wenn schon eine empfangene species zu restituiren ist, dabei aber für das Verhältnis zwischen Schiffer und Empfänger allein das Konnossement entscheidet (art. 653. 1), worauf soll der letztere seine Ansprüche auf Auslieferung gerade des dem Schiffer übergebenen Gutes gründen, wenn dieser den Empfang nicht im Konnossement erwähnt hat?

Zugleich würde ohne ein solches Empfangsbekenntnis das Konnossement zu einem abstrakten Warenversprechen werden; als solches existirt es aber weder jetzt im Handel, noch würde es je für denselben brauchbar sein.[1])

B.

Die Verpflichtung aus dem Konnossement und Ladeschein geht auf Auslieferung der empfangenen Ware. Sie wird üblicherweise in der Urkunde ausdrücklich enthalten sein; aber **muss sie es**? In der That scheint dies wenigstens beim Ladeschein Ansicht der Berathungskommission gewesen zu sein:[2]) man hielt es für angebracht, dass der Frachtführer deutlich sage, er wolle sich verpflichten .... dass er mit anderen Worten den Ladeschein in Form eines Verpflichtungsscheins ausstelle.

Allerdings hat diese Ansicht im Gesetz einen Ausdruck nicht erhalten, insbesondere ist die Fassung: „in Form eines Verpflichtungsscheines" nicht adoptirt worden; diese Form braucht darum auch nicht durch Aufnahme eines ausdrücklichen Auslieferungsversprechens hergestellt zu werden.

Dennoch aber gehört das Auslieferungsversprechen zum Wesen des Konnossements und Ladescheins[3]): die Begründung einer strengeren Verpflichtung, die nur durch ein solches Versprechen möglich ist, ist ja gerade ein Hauptzweck dieser Institute. Ebensowenig wie ein Frachtvertrag ohne Auslieferungs**pflicht**, besteht ein Konnossement ohne Auslieferungs**versprechen**.

---
[1]) Goldschmidt § 72, S. 685 N. 8.
[2]) Prot. 847. 4770.
[3]) Schott in Endemann's Handbuch III. 424. — Thöl III. § 42. S. 77.

Dass dies Versprechen nicht ausdrücklich zu sein braucht, haben wir vorher gezeigt; als stillschweigend gegeben können wir es bei jedem Konnossement und Ladeschein annehmen. Einmal als enthalten in den Worten: „abliefern", „empfangen zur Auslieferung", „zum Transport" und ähnlichen, sodann in der Unterschrift des Schiffers, resp. Frachtführers, die als für Eingehung der Verpflichtung bedeutsam vom Gesetz beim Ladeschein hervorgehoben wird,[1]) beim Konnossement durch die Uebung des Verkehrs feststeht.

C.

Die Verbindlichkeit, die durch eine solche, aus Empfangsbekenntnis und Auslieferungsversprechen kombinirte Urkunde begründet wird, ist eine streng einseitige.[2])

Unter „einseitiger" Verpflichtung verstehen wir eine solche, bei der der Berechtigte dem Verpflichteten seinerseits nicht obligirt ist.[3]) Hierin liegt, dass Gegenleistungen nicht gefordert, ja nicht einmal die Annahme der Erfüllung erzwungen werden kann.

Das letzte trifft augenscheinlich bei Konnossement und Ladeschein zu: Der Schiffer resp. Frachtführer kann den berechtigten Empfänger nicht zwingen,[4]) das Konnossement behufs Empfangnahme des Gutes vorzulegen, kann nicht klagen auf Abnahme des Gutes durch den Berechtigten.[5]) Bei Nichtannahme seitens des Letzteren befreit sich der Schiffer einseitig durch gehörige Deposition.

---

[1]) cf. art. 413, 2 in Verbindung mit art. 414, Abs. 3.

[2]) Goldschmidt § 72, S. 699. — Eger III. 27, 66. — Schott in Endemanns Handbuch III. 433. — „Durch das Konnossement geht der Schiffer eine selbständige, von dem Frachtvertrage ganz unabhängige Verpflichtung ein nach Inhalt des Konnossementes das in demselben bezeichnete Gut dem berechtigten Inhaber des Konnossements zu liefern." Erk. des Handelsgerichts zu Hamburg vom 25. Okt. 1872 in der HGZ. V. No. 290; auch Erk. vom 24. Nov. 1873. HGZ. VII. No. 27.

[3]) Dernburg, Pandecten II. § 19.

[4]) Erkenntnis des Obertrib. zu Berlin, 28. Nov. 1865, in Striethorst Arch. Bd. 60. S. 282 ff.; auch in der Z. f. HR. XII. 590.

[5]) Vivante la polizza di carico. S. 36.

Das andere Merkmal der Einseitigkeit, dass nämlich Gegenleistungen nicht gefordert werden können, unterliegt allerdings zwei — scheinbaren — Einwänden:

a. Wenn im Konnossement oder Ladeschein Zahlung der Fracht bedungen ist, so ist der Empfänger zu derselben verbunden.[1] Es könnte dies eine Gegenleistung scheinen. Aber einmal hat der Schiffer an sich kein von der Annahme der Güter unabhängiges Forderungsrecht auf Zahlung der Fracht; sodann ist das Recht auf Zahlung der Fracht eine Folge nicht der Erfüllung der Verpflichtung,[2] also der Ablieferung, sondern erst der Annahme der Güter.[3] — Und wie diese letztere, nämlich die Annahme des Gutes von Seiten eines Berechtigten, nicht zur Erfüllung der Verpflichtung des Schiffers gehört, ebensowenig ist die auf jene gegründete Zahlung der Fracht Gegenleistung gegen die Erfüllung der Konnossementsverpflichtung.

Die Erwähnung der Fracht im Konnossement hat auch gar nicht den Zweck, eine Gegenleistung zu statuiren; sie ist nur geboten — da für die Rechtsverhältnisse zwischen dem Verfrachter und dem Empfänger der Güter des Konnossements allein[4] entscheidend ist — um jene beim Fracht-

---

[1] Erkenntnis des Obertrib. vom 28. Nov. 1865 cit.

[2] Der Empfänger der Ware, auch wenn er im Besitz eines Ladescheins ist, steht dem Schiffer gegenüber nicht in einem Vertragsverhältnis. Erkenntnis des Obertrib. zu Berlin, 28. Jan. 1868, in Striethorst Archiv Bd. 71, S. 44 f, auch in der Z. f. HR. XIX, 580.

[3] So, scharf unterscheidend, die Fassung des art. 615: „Durch Annahme der Güter wird der Empfänger verpflichtet, nach Massgabe des Frachtvertrages oder des Konnossements, auf deren Grund die Empfangnahme geschieht, die Fracht .. zu zahlen." — Erkenntnis des See- und Handelsgerichts zu Stettin vom 8. Juni 1866 in Busch X, 397. — So wird vom Handelsgericht zu Hamburg, 26. Febr. 1877 angenommen, dass der auf Grund eines über 1000 Säcke Kaffee lautenden Konnossements nur 874 Säcke entnehmende Empfänger dadurch die Fracht für 874 Säcke schuldig geworden sei. HGZ. X, 61.

[4] art. 653, Abs. 1. — ROHG., 10. Jan. 1871, Entsch. Bd. I, 200.

vertrag gesetzlich[1]) anerkannte Voraussetzung der Uebergabe des Gutes auch dem aus dem Konnossement Empfangsberechtigten gegenüber zu wahren.[2])

b. Das Gesetz lässt den Schiffer „zur Ablieferung der Güter nur gegen Rückgabe eines Exemplars des Konnossements, auf welchem die Ablieferung der Güter zu bescheinigen ist, verpflichtet" sein.[3])

Eger[4]) rechnet wie die Zahlung der Fracht, so auch die Rückgabe des quittirten Konnossements oder Ladescheins zu den „Gegenleistungen, von denen die Verpflichtung zur Aushändigung des Gutes abhängig ist".

Dass für die Zahlung der Fracht diese Auffassung nicht zutrifft, haben wir eben gezeigt. Dasselbe gilt auch für die andere „Gegenleistung", die Rückgabe des Konnossements resp. Ladescheins.

Auch diese ist nicht Gegenleistung, sondern Voraussetzung der Erfüllung von Seiten des Schiffers. Das Recht diese Erfüllung zu fordern hat nur der, welcher als legitimirter Inhaber des Konnossements erscheint, das Konnossement präsentirt und ebenso auch bereit ist, es quittirt dem Schiffer gegen Aushändigung der Güter zu übergeben.

Es liegt dies in der Natur des Konnossements als Präsentationspapier. Durch die Vorschriften in artt. 652. 418 hat das Gesetz die positive Präsentationsklausel als stillschweigend ihm beigefügt erklärt.[5]) Es ist dies ebenso der Fall in dem art. 303, Abs. 3 des HGB. und in art. 39 der WO.

Die Klausel ist nötig, weil nach der rechtlichen Natur der Präsentationspapiere der Verpflichtete durch die blosse

---

[1]) art. 406. cf. art. 615.
[2]) Urteile des OLG. zu Hamburg 31. Okt. 1883. Seuffert NF. X. No. 92., 21. Juni 1882. NF. VIII. No. 150.
[3]) art. 652. cf. art. 418.
[4]) Eger III. 27, so auch Thöl III. 82.
[5]) Brunner in E. II. 159. Brunner in Goldschmidt, Z. f. HR. XXII. 64.

Leistung nicht befreit wird, wenn das Papier in Umlauf bleibt und in die Hände eines gutgläubigen Dritten gerät.

Deshalb ist aber die Rückgabe des quittirten Papiers noch nicht Gegenleistung gegen die Erfüllung des Schiffers; vielmehr ist die Möglichkeit und Bereitwilligkeit zur Rückgabe des Papiers notwendige Voraussetzung des Rechtes auf Auslieferung der Güter; ebenso notwendig und ebenso beschaffen wie die Präsentation des Papieres.

So sind nun weder die Zahlung der Fracht nach Massgabe des Konnossements, noch die Rückgabe des quittirten Papiers, auf Grund des Gesetzes, Gegenleistungen gegen die Auslieferungsverpflichtung des Schiffers: letztere selbst ist also als vollkommen einseitig dargethan.

D.

In ihrer Eigenschaft als „Urkunden" betrachtet, gehören Konnossement und Ladeschein zu den Wertpapieren, d. h. „Urkunden über ein Privatrecht, dessen Verwertung durch die Innehabung der Urkunde privatrechtlich bedingt ist".[1]

Innerhalb der Klasse der Wertpapiere wieder fallen Konnossement und Ladeschein unter die Traditionspapiere; sie sind „einerseits[2] Forderungspapiere, denn sie dienen zur Ausübung einer Forderung auf Auslieferung der in der Urkunde verzeichneten Waren, haben aber auch **sachenrechtliche** Funktionen, indem die Begebung des Papiers denselben dinglichen Effekt erzielen kann, welchen die Uebergabe der Ware selbst äussern würde".

Nach einer anderen Seite hin zählt man Konnossement und Ladeschein zu den Wertpapieren öffentlichen Glaubens, „deren Wortlaut[3] zu Gunsten des gutgläubigen Erwerbers unbedingt massgebend ist": Forderungen aus solchen Papieren nennt man Skripturobligationen.

---

[1] Brunner in E. II. 147.
[2] Brunner ibid. II. 150.
[3] Brunner ibid. II. 168.

„Soweit die Schrift über Thatsachen referirt, welche für das Rechtsverhältnis massgebend sind, gilt sie für wahr mit Ausschluss jedes Gegenbeweises .... Besteht die Angabe der causa promittendi in einem Empfangsbekenntnis, so ist die Einrede ausgeschlossen, dass das als empfangen Bezeichnete nicht empfangen worden sei." Bei einer Urkunde also, die ein Empfangsbekenntnis als causa promittendi enthält, charakterisirt der Ausschluss des Gegenbeweises gegen das Bekenntnis die vollkommene Skripturobligation.

Die Frage, ob die Forderung aus Konnossement und Ladeschein eine vollkommene Skripturobligation sei, fällt daher zusammen mit der anderen: ob und inwieweit der Gegenbeweis gegen das Empfangsbekenntnis zugelassen ist?

Es ist hier eine Verschiedenheit von Konnossement und Ladeschein anzuerkennen. Sie beruht darauf, dass die in art. 653 S. 2 gezogene Folgerung: „insbesondere muss die Ablieferung der Güter an den Empfänger nach Inhalt des Konnossements erfolgen", und ebenso die Bestimmungen der artt. 654—657, 660 beim Ladeschein nicht aufgestellt sind; aber: „enthält wirklich[1] der art. 654, S. 1 nur eine durchaus positive Bestimmung über den Inhalt der Konnossementsobligation, nach deren Detraktion eine für Konnossement und Ladeschein identische Grundobligation zurückbleibt?

„Oder liegt die Sache vielleicht so, dass die Konnossementsforderung die normale, nämlich vollkommen ausgebildete „Skripturobligation" ist, die Ladescheinsforderung weniger vollkommen, „hinkend", aus besonderen Gründen abgeschwächt oder, wohl richtiger, im Verkehr und Recht nicht in gleicher Konsequenz entwickelt?"

Das Reichsgericht[2] hat die offenbar vorhandene Verschiedenheit im Sinn der ersten Frage begründet; Goldschmidt scheint anzudeuten, dass sie vielmehr aus dem Sinn der zweiten Frage heraus zu erklären sei. Auch wir werden

---

[1] Goldschmidt, Z. f. HR. XXIX. 26.
[2] RG. 1. Okt. 1881. Entsch. Bd. V. 80.

am geeigneten Ort darzulegen suchen, dass die Forderung aus dem Konnossement als eine vollkommene, diejenige aus dem Ladeschein als eine hinkende Skrupturobligation erscheint, und dass gerade hierin die Verschiedenheit der rechtlichen Natur von Konnossement und Ladeschein begründet ist.

Kapitel IV.

Konnossement und Frachtvertrag.

Die Konnossements- und Ladescheinsverpflichtung ist unmittelbar gegenüber dem bezeichneten Empfänger eingegangen;[1]) für das Verhältnis des Schiffers oder Frachtführers zum Empfänger ist das Konnossement resp. der Ladeschein allein entscheidend.[2]) Derjenige, in dessen Hände das diese Verpflichtung begründende Versprechen zunächst gegeben wird, ist der Ablader.[3]) Und zwar verstehen wir unter „Ablader" mit Schröder[4]) die Person, welche die Ladung auf Grund einer rechtlichen Befugnis in eigenem Namen übergibt und auf ihren Namen ausgestellte Konnossemente verlangen kann. Es ist dies also entweder der Befrachter selbst oder ein Drittablader, jedenfalls aber derjenige, der dem Schiffer gegenüber zur Verfügung über die Ware berechtigt erscheint.

---

[1]) art. 415, Abs. 1. art. 653, Satz 1. — v. Hahn, art. 415 § 1. — Eger III 57. 71. — Schott in E. III. 426.

[2]) Handelsgericht zu Hamburg, 6. Sept. 1858 in Seebohm, No. 30. 31. — Handelsgericht zu Hamburg, 11. Nov. 1867 in Busch XII 463. — OAG. Lübeck, 14. Juni 1866 in Kierulf II 403. — Landgericht zu Hamburg v. 21. Juni 1883. Oberlandesgericht zu Hamburg, 21. Okt. 1883. Hans. GZ. IV. 127.

[3]) Einen ausgeprägten Begriff des „Abladers" hat zuerst R. Wagner in seinem Handbuch des Seerechts I § 42 aufgestellt; allerdings beschränkt er den Begriff auf die Fälle, „wo derjenige, der die Ladung übergibt, dem Befrachter gegenüber, vom Standpunkt der seerechtlichen Betrachtung aus, als ein Dritter erscheint".

[4]) In der Z. f. HR. XXXII S. 249.

Der Frachtvertrag hingegen ist geschlossen zwischen dem Schiffer und dem Befrachter: als Urkunde über denselben wird der Frachtbrief, unter Umständen die Chartepartie ausgestellt. Für die Rechtsverhältnisse zwischen Verfrachter und Befrachter bleiben die Bestimmungen des Frachtvertrags massgebend.[1]

Es können aber auch für den Empfänger Bestimmungen des Frachtvertrags von rechtlicher Wirkung sein,[2] sofern nämlich auf sie im Konnossement ausdrücklich Bezug genommen ist.[3]

Ebenso Bestimmungen des Konnossements für den Befrachter; sofern nämlich durch die Festsetzung im Konnossement der Frachtvertrag erweislich abgeändert werden sollte. Ob aber bei einer Abweichung des jüngeren Konnossements vom Frachtvertrag für die Bestimmungen des ersteren derogirende Kraft zu präsumiren sei, ist streitig. Goldschmidt[4] hat sich auf Grund der Materialien des Gesetzes für, v. Hahn[5] sich gegen eine solche Präsumtion ausgesprochen: nach ihm soll richterliches Ermessen entscheiden. Letzterem hat sich das Reichsoberhandelsgericht[6] angeschlossen.

---

[1] art. 653, Abs. 3. art. 415, Abs. 3.

[2] art. 653, Abs. 2. art. 414, Satz 2. — Eger III 70. — ROHG. 21. Jan. 1873, VIII 410. und 9. April 1875, XVII 72. — Schott in E. III 426. — Thöl III 81.

[3] Ausdrücklicher Bezugnahme bedürfen auch und sind in der blossen Verweisung auf den Frachtvertrag in Ansehung der Fracht nicht enthalten die Bestimmung über Löschzeit, Ueberliegezeit und Liegegeld. art. 653, Abs. 2. Ebenso wohl beim Ladeschein. Eger III 70. — ROHG. 14. Febr. 1874, XII 127.

[4] Goldschmidt § 71, S. 678, N. 35 und Text. — Eger III. 71.

[5] v. Hahn, II. art. 415 § 2. — Puchelt, II. S. 408. — Lewis, art. 653 No. 6 S. 394.

[6] ROHG. 9. April 1876, XVII. 73; auch in Seuff. Archiv NF. I. No. 168.

II. Abschnitt. Uebertragung.

Kapitel I.
Wirkung der Uebertragung in obligatorischer Hinsicht.

I.

Die wirksamste Art der Uebertragung eines Forderungspapiers ist diejenige, durch welche der Nehmer des Papiers Gläubiger aus eigenem Recht wird. Ihre Form ist das Indossament. Sie hat sich entwickelt beim Wechsel und ist dann auch auf andere kaufmännische Forderungspapiere angewandt worden.[1]

Speziell bei Konnossement und Ladeschein hielt man ursprünglich die Indossabilität für so selbstverständlich, dass man sie ohne weiteres annahm, wenn in denselben nicht das Gegenteil gesagt sei.[2]

Schliesslich aber wurde für das Konnossement und folgerichtig dann auch für den Ladeschein die Indossabilität nur für den Fall anerkannt, dass „sie an Order lauten".[3]

Der Ausdruck „an Order" ist nicht unumgänglich: er ist nur Breviloquenz für die umständliche Willenserklärung, die zur Herstellung der Indossabilität erfordert wird.[4]

Konnossement und Ladeschein können gestellt sein an Order a) des Empfängers,[5] b) des Abladers;[6] hierfür wird vom Gesetz präsumirt, wenn lediglich an Order gestellt ist; c) an eigene Order. Allerdings ist dies nur beim Konnossement[7] bestimmt: „es kann auch auf den Namen des Schiffers

---

[1] WO. art. 11—13, 36, 74. — HGB. art. 301—305.
[2] I. Entw. art 255 No. 3. — II. Entw. art. 286. — Prot. 444. 446. 451. — Prot. 845—850.
[3] art. 302.
[4] Thöl, Handelsrecht, 6. Aufl. S. 650. — Goldschmidt S. 673 N. 24. — ROHG. 3. Okt. 1876, XXI. 80.
[5] artt. 646, Z. 4; 414, Z. 4.
[6] artt. 646, Z. 4; 414, Z. 4. So auch im Ital. Recht: Vivante la polizza di carico, S. 15.
[7] art. 646, Abs. 2.

lauten" und natürlich auch an seine Order. Von Hahn[1]) spricht sich gegen die Ausdehnung dieses „positiven" Satzes aus. Beim Ladeschein enthält das Gesetz eine ausdrückliche Bestimmung nicht. Es ist infolge dessen bestritten, ob er an die Order des Frachtführers lauten kann.

Auf die Controverse, ob überhaupt derartige Verpflichtungsscheine an eigene Order rechtswirksam sind, ist hier nicht einzugehen. Hingegen scheint uns kein Grund vorzuliegen, warum die Ausstellung eines Ladescheins an eigene Order[2]) unstatthaft sein sollte. Die Veranlassung, dass vielleicht der Absender die bestmögliche Verwertung des Gutes durch den Frachtführer am Bestimmungsort bewirkt haben will, ist hier dieselbe wie beim Konnossement: deshalb können wir die bei diesem gegebene Möglichkeit auch beim Ladeschein nicht verweigern. Es kommt hinzu, dass art. 414, 4 ganz allgemein die Angabe des Empfängers, „an den oder dessen Order" abgeliefert werden soll, verlangt, und es ist nicht abzusehen, wieso dadurch die Stellung an die Order des Frachtführers ausgeschlossen sein sollte.

II.

In Betreff der Form des Indossaments von Papieren, welche an Order lauten und welche durch Indossament übertragen werden können, verweist art. 305 des HGB. auf die artt. 11—13, 36, 74 der Wechselordnung.

Im grossen Handelsverkehr, z. B. in demjenigen zwischen Europa und Amerika, trägt das Konnossement nur das Blancogiro des Abladers. Dieser zieht zugleich einen Wechsel in Höhe der Kaufsumme auf den Empfänger. Mit dem Wechsel, auf welchen die Indossamente gesetzt werden, geht vereint das Konnossement, bis zum Empfänger, der den Wechsel einlöst und dafür das Konnossement erhält.

---

[1]) v. Hahn, art. 301 § 6 N. 8.
[2]) Dafür: Keyssner S. 473, Anschütz III. 127, Eger III. 42; — Dagegen: Puchelt II. art. 414 No. 3, v. Hahn art. 402 § 2; — Unentschieden: Goldschmidt § 75 S. 761 N. 83.

III.

Ueber die Wirkungen des Indossaments können wir uns kurz fassen. Sie folgen aus der Orderqualität, nicht aus dem Wesen des Konnossements oder Ladescheins.

a) art. 303. Abs. 1 handelt von dem Uebergang aller Rechte aus dem indossirten Papier auf den Indossatar. Er schliesst an art. 10 der Wechselordnung an.

Doch ist ein Unterschied zwischen dem Indossament eines Wechsels und dem eines Konnossements zu bemerken: ersteres hat Transport- und Garantiefunktion, letzteres nur Transportfunktion. Es gibt also aus dem Indossament eines Konnossements oder Ladescheins keinen Regress, noch weniger einen springenden Regress.[1])

Ein Regress gegen den Vormann ist nur möglich auf Grund des zwischen diesem und dem Regredienten bestehenden materiellen Rechtsverhältnisses, nicht des Indossaments.

b) art. 303, Abs. 2 bestimmt über den Einfluss des Indossaments auf die Einreden des Verpflichteten, dass „sich dieser nur solcher Einreden bedienen kann, welche ihm nach Massgabe der Urkunde selbst oder unmittelbar gegen den jedesmaligen Kläger zustehen."

Es ist für uns nur angebracht, festzustellen, welche Einreden des Verpflichteten demnach bei einem indossirten Konnossement oder Ladeschein unzulässig sind; so

1) diejenigen, die dem Schiffer gegen den Ablader zustehen;[2])
2) aus der Person irgend eines der Vormänner;
3) ex jure tertii, also z. B. des Abladers.[3])

---

[1]) Goldschmidt § 72 S. 698 No. 3 u. N. 38. — Schott in E. III 434.

[2]) Jedoch sind diese Einreden dann möglich, wenn der Empfänger nur Vertreter des Abladers ist, also einen ihm aus dem Konnossement zustehenden Anspruch lediglich im Interesse desselben geltend macht. Prot. 2279. — Goldschmidt § 72 S. 682. — Lewis art. 653 No. 2. — Schott in E. III. 434. — ROHG. 26. Mai 1871. 11. 330.

[3]) Goldschmidt § 72 S. 685. — Urteil. d. OAG. zu Lübeck vom 22. Febr. 1869 in Seufferts Archiv XXIV. No. 72. — Urteil des Obergerichts zu Hamburg 11. Juli 1873 in Goldschmidts Z. f. HR. XIX. 231. — Urteil des OLG. zu Hamburg 16. Mai 1883 in Seufferts Archiv NF. VIII Nr. 332.

Bei indossablen Ladescheinen muss hier dasselbe gelten wie bei Konnossementen.

c) Wie das volle, so sind auch die abgeschwächten Arten des Indossaments beim Order-Konnossement, resp. -Ladeschein möglich: nämlich Pfand- und Prokuraindossament.

IV.

Die Forderung aus einem indossablen Konnossement resp. Ladeschein kann auch durch Cession übertragen werden.[1]) Es zieht aber dann der Uebertragungsakt nur die Rechtswirkungen der Cession nach sich, wie er auch in deren Form, also eventuell selbst formlos, geschehen kann.[2])

V.

Die Uebertragung der Forderung aus dem Papier durch Indossament ist nur bei Order-Konnossementen, resp. -Ladescheinen mit voller Wirkung möglich. Bei Inhaber- und Blanco-Konnossementen begründet die Uebergabe des Papiers eine gleiche Sicherheit des Nehmers.

Bei Namenskonnossementen, resp. -Ladescheinen ist die Uebertragung nur möglich durch Cession;[3]) ein etwaiges Indossament würde nicht als solches, sondern nur als Beweismittel für die behauptete Cession in Betracht kommen.[4]) Die Uebertragung der Rechte aus dem Papier, die Legitimationsprüfung, die zulässigen Einreden des Schiffers sind zu beurteilen nach den Regeln der Cession.

---

[1]) Handelsgericht zu Hamburg 20. Sept. 1865, Hermann u. Hirsch No. 176.

[2]) ROHG. 13. Sept. 1879. XXV. 340. — Kammergericht zu Berlin 7. Okt. 1865 in Buschs Archiv IX. 275.

[3]) Urteil des Handelsgerichts zu Hamburg 9. Juli 1868 in Busch XVI 188 f.

[4]) Urteil des OAG. zu Lübeck vom 22. Juni 1869 in Seufferts Archiv XXIV. No. 72.

Kapitel II.
Wirkung der Uebertragung in dinglicher Hinsicht.

I.

Wir gelangen zu dem wohl bestrittensten Punkte der ganzen Konnossementslehre, demjenigen, der von dem Rechte des Konnossementsinhabers an der Ware handelt. Dass dieses Recht ein besonders sicheres und zuverlässiges ist, hat sich im Handelsverkehr festgestellt[1]) und ist im Handelsgesetzbuch bestätigt.[2])

Wie es aber mit den Grundsätzen des bürgerlichen Rechts in Einklang zu bringen sei, darüber haben gerade die bedeutendsten Schriftsteller abweichende Ansichten aufgestellt;[3]) so die Forderungstheorie von Gerbers, Thöls, die Theorie der cedirten rei vindicatio von Iherings, die Besitztheorie von Goldschmidt, Exner, Meischeider etc. Andere haben sich bemüht, Mängel in jeder einzelnen dieser Theorien zu entdecken und Fälle zu konstruiren, die als Einwand sich sehr gut ausnehmen, im Handel aber meist unmöglich oder höchstens „denkbar" sind.[4])

II.

Grundlage für unsere Betrachtung muss der art. 649 des HGB. sein:

„Die Uebergabe des an Order lautenden Konnossements an denjenigen, welcher durch dasselbe zur Empfangnahme legitimirt wird, hat, sobald die Güter wirklich abgeladen

---

[1]) Goldschmidt § 73.
[2]) HGB. art. 649.
[3]) S. Mommsen in Buschs Archiv XXXII. 222—242.
[4]) So, um ein Beispiel für viele zu geben, der von Exner (Krit. Vierteljahrschrift XIII 315) ersonnene Fall, dass ein Schiff an eine wüste Insel verschlagen wird und dort so lange liegen bleibt, bis der bösgläubige Konnossementerwerber, der aber so vorsichtig war, das Papier aufzubewahren, mittelst desselben die Ware usukapirt hat! Da endlich wird das Schiff aufgefunden, aber — o Unglück — von dem wirklichen Eigenthümer! und — der „Einwand" ist da!

sind, für den Erwerb der von der Uebergabe der Güter abhängigen Rechte dieselben rechtlichen Wirkungen wie die Uebergabe der Güter."

Die erste und hauptsächlichste rechtliche Wirkung der Uebergabe der Güter ist nun Uebertragung des Besitzes, und zwar jedenfalls der Detention; ob des juristischen Besitzes oder des Eigentums, hängt von dem Willen der Parteien bei der Uebergabe ab.

Es scheint uns also diese Bestimmung auf dem Boden der Besitztheorie zu stehen, d. h. derjenigen, die in der Uebertragung des Konnossements eine Uebertragung des Besitzes der Ware sieht.

III.

Einzuschalten ist hier, dass allerdings der art. 649 nur von „an Order lautenden" Konnossementen handelt: kann aber darin für die n i c h t an Order lautenden Konnossemente ein argumentum e contrario gefunden werden? So entschied ein Urteil des OAG. zu Lübeck:[1] anders aber das ROHG.[2]: dass mit der Beschränkung auf die an Order lautenden Konnossemente „die etwa l a n d e s g e s e t z l i c h (z. B. in Bremen) den Nichtorderkonnossementen beigelegten dinglichen Wirkungen nicht aufgehoben, sondern eben in Bezug darauf das bisherige Recht bestehen geblieben sei". Natürlich liegt der Fall bei den Rektakonnossementen, wo es sich nur um das Verhältnis des Schiffers zu Ablader und Empfänger handelt, viel einfacher: wir werden von ihm nur beiläufig zu sprechen haben.

IV.

Beim Ladeschein ist über die Wirkung der Uebergabe keine Bestimmung getroffen; wir müssen also die Entwicklung des beim Konnossement anerkannten Rechtssatzes in der Weise zu geben suchen, dass wir denselben als mit allgemeinen,

---

[1] Urteil des OAG. zu Lübeck 22. Juni 1869 in Seufferts Archiv XXIV No. 72.
[2] ROHG. 19. Novbr. 1873, XI. 415—417.

oder wenigstens mit den für Konnossement und Ladeschein gemeinsamen Grundsätzen vereinbar darstellen: nur dann wird er, obwohl beim Ladeschein nicht ausgesprochen, auch bei diesem Anwendung finden können.

V.

Das Verfügungsrecht über die Ware hat zunächst der Ablader; er gibt dieses Recht in seiner Eigenschaft als Ablader auf, indem er die Ware in die Detention des Schiffers übergibt und von diesem Auslieferung derselben an den aus dem Konnossement berechtigten Empfänger versprechen lässt. Der Schiffer hat also die Detention vom Moment der Konnossementszeichnung an nicht mehr für den Ablader, sondern für denjenigen, an den er mit befreiender Kraft leisten kann. Diesen Detentionswillen drückt das Auslieferungsversprechen des Schiffers aus. Und zwar detinirt der Schiffer nicht für den jeweiligen berechtigten Konnossementsinhaber, wie Goldschmidt formulirt: denn diesen kann und will der Schiffer nicht kennen, kann und will daher auch nicht für ihn detiniren, noch weniger seinen Detentionswillen von der „Berechtigung" desselben abhängig machen: sondern für den „schliesslichen forderungsberechtigten Konnossementsinhaber". Der schliessliche forderungsberechtigte Inhaber ist eben derjenige, an den der Schiffer in der Art leisten kann, dass die Leistung Erfüllung seines Versprechens ist; es ist dies sowohl der Ablader nach der Konnossementszeichnung gegen Rückgabe sämtlicher Exemplare, wie der Inhaber sämtlicher Exemplare an einem anderen als an dem Bestimmungsort; wie endlich im Bestimmungshafen jeder Konnossementsinhaber. Indem aber der Ablader oder sonstige Konnossementsinhaber ein Exemplar des Konnossements absendet oder weiterbegibt, gibt er für sich die schliessliche Forderungsberechtigung wie eben damit die vom Schiffer geübte Detention der Ware auf und überträgt beide dem Erwerber des Konnossements: denn da er nun nicht mehr der schliessliche Forderungsberechtigte ist, detinirt der Schiffer nicht mehr für ihn, sondern für den

Erwerber. Einer Mitwirkung des Schiffers bei diesem Erwerb durch Aenderung seines Detentionswillens bedarf es nicht;[1]) denn dieser Detentionswille bleibt stets derselbe in seiner Richtung auf den schliesslichen forderungsberechtigten Konnossementsinhaber und wird daher nicht berührt durch Wechsel in der Person der Inhaber. Eine Aenderung des Detentionswillens müsste nur dann verlangt werden, wenn der Schiffer für den „jeweiligen Inhaber" detinirt.[2]) Denn die verschiedenen „jeweiligen" Inhaber sind dem Schiffer gegenüber ver schiedene Personen: der „schliessliche" Inhaber ist ihm nur Eine, wenn gleich incerta persona. Ebensowenig wie der traditio[3]) an und der Geschäftsführung[4]) für eine incerta persona, steht der Detention für eine

---

[1]) Warum „die Möglichkeit einer Zurückführung des Besitzerwerbs des späteren Eigentümers des Traditionspapiers auf den Willen des Detentors bereits vollständig abgeschnitten sein soll, wenn man erwägt, dass der Aussteller des Papiers im Momente der Uebergabe des Papiers im Fieberdelirium liegt oder die Absicht fasst, zu unterschlagen oder vielleicht gar gestorben ist" (Strohal, Succession in den Besitz S. 214), dies ist selbst der Formulirung Goldschmidts gegenüber nicht einzusehen. Für den Fall des „Fieberdeliriums" oder „vielleicht gar" des Todes des Schiffers wird ihm ein Vertreter nach gesetzlicher Vorschrift bestellt; die von ihm gezeichneten Konnossemente verlieren nicht ihre Giltigkeit; sie binden den Nachfolger des Schiffers in gleicher Weise wie den Schiffer, da er in gleicher Weise Vertreter des Rheders ist. Und gar „die Absicht, zu unterschlagen" möchte den Konnossementserwerber wenig stören; denn „eine veränderte Absicht des Inhabers einer Sache wird erst dann beachtet, wenn sie durch reale Handlungen desselben, die gegen den Besitzer der Sache gerichtet sind, verwirklicht ist." (Dernburg, Pandekten I. § 179.)

[2]) Diese Schwäche in der Goldschmidtschen Konstruktion, dass der Schiffer als Stellvertreter für den Konnossementserwerber Besitz erwerben soll, ohne zu wissen oder gar wissen zu wollen, ob, wann und für wen? sucht Meischeider (Besitz und Besitzesschutz, 1876, pag. 306) durch Annahme eines „Mediums", der dienstlichen Stellung des Schiffers, zu umgehen.

[3]) l. 9 § 7 D. de A. R. D. (41, 1). — l. 5 § 1 D. pro derel. (41, 7).

[4]) l. 14 § 1, l. 29 pr. D. com. divid. (10,3), l. 5 § 1, l. 6 § 8, 10, 11, l. 22 D. de neg. gestis (3, 5).

solche — bei Order- und Inhaberkonnossementen — rechtlich etwas entgegen.[1])

Mit Rücksicht auf die Detention für den schliesslichen forderungsberechtigten Inhaber lassen sich auch diejenigen Fälle betrachten, wo das Gut durch Untergang, Unglück oder Unterschlagung aus jener Detention herausgekommen ist. In beiden Fällen kann der Besitz der Ware später nicht mehr übertragen werden; die Tradition des Konnossements verschafft nicht mehr die Detention der Ware, sie ist in Bezug auf die Ware gegenstandslos. Sie kann also rückgängig gemacht werden bis zu demjenigen früheren Konnossementsinhaber, in dessen Zeit das Ereignis eingetreten ist: dieser selbst ist zugleich der „schliessliche, forderungsberechtigte" Inhaber und ihm stehen die Rechte aus dem Besitz der Ware gegen Versicherer, Schiffer und schlechtgläubigen Erwerber zu.

Bei Rektakonnossementen bewegt sich die Unbestimmtheit über den „schliesslichen forderungsberechtigten Konnossementsinhaber" nur zwischen zwei Personen; es weist sich als solcher aus der Ablader durch den Besitz sämtlicher Konnossementsexemplare; durch Absendung eines Exemplars an den bezeichneten Empfänger macht er diesen zum schliesslichen forderungsberechtigten Konnossementsinhaber, indem er ihm die von dem Schiffer für den Destinatär als Konnossementsinhaber geübte Detention überträgt. Zur vorzeitigen Aufhebung dieser Detention ist dann Zustimmung des Destinatärs erforderlich, aber selbst ohne Auslieferung sämtlicher Konnossementsexemplare ausreichend.[2])

VI.

Wir kommen nunmehr zu dem Fall, wo jede der bisher aufgestellten Konstruktionen sich als ungenügend erweist, zu dem Kollisionsfall mehrer legitimirter Konnossementsinhaber.

---

[1]) Nur muss es auch wirklich Eine incerta persona sein, nicht eine Reihe von sich ablösenden incertae personae, wie dies die jeweiligen Konnossementsinhaber Goldschmidts doch sind!

[2]) art. 661 Abs. 4. — Handelsgericht zu Hamburg von 1873, HGZ. VII. No. 207.

Exner (Rechtserwerb durch Tradition 1867) schweigt ganz darüber; Goldschmidt sieht sich veranlasst, den „jeweiligen Inhaber" (S. 722) nunmehr als den „berechtigten Inhaber" zu präzisiren. Zugleich erscheint dann „zur Vermeidung praktischer Schwierigkeiten", die Bestimmung des HGB. art. 650, dass erst die Prävention, dann die Priorität der Begebung entscheiden solle, als „Anomalie". — Meischeiders „Medium" versagt vollständig, nicht nur für den Kollisionsfall, sondern für den doch gewöhnlichen Fall der Ausstellung mehrerer Exemplare, sobald dieselben, wenngleich berechtigter und gewöhnlicher Weise, in die Hände verschiedener Inhaber gelangt sind, denn „keiner der mehreren Inhaber weiss, ob er im Löschungshafen vor dem andern den Anspruch auf Auslieferung wird erheben können, und ob es ihm möglich sein wird, die Auslieferung zu erlangen, bevor ein anderer sich meldet. Es bleibt nur übrig, von dem Zeitpunkt ab, wo mehrere Konnossementsinhaber vorhanden sind, bis zur Auslieferung der Ware im Löschungshafen die Besitzfrage als suspendirt anzusehen."[1]

Nach unserer Formulirung bieten sich keine bedeutenden Schwierigkeiten. Schliesslicher forderungsberechtigter Konnossementsinhaber ist derjenige, der die Auslieferung erlangt, bevor sich ein anderer Inhaber meldet, also solange nur keine Kollision dem Schiffer gegenüber, wenngleich sie auch jenem gegenüber besteht. Wer auf sein Exemplar die Auslieferung erlangt hat,[2] wird gerade dadurch, dass in ihm die Verpflichtung des Schiffers ihre Erfüllung gefunden hat, als derjenige bestätigt, für den zu detiniren Wille des Schiffers war.

Sobald allerdings ein zweiter legitimirter Konnossementsinhaber sich gemeldet hat, befreit sich der Schiffer nicht mehr durch Leistung an den einen von ihnen; er kann also auch von da an oder eventuell für den noch nicht ausgelieferten Rest nicht mehr für den Einen haben detiniren

---

[1] Meischeider Besitz und Besitzesschutz, S. 308.
[2] Ordnungsmässig, in Gemässheit des art. 647. HGB. art. 650.

wollen, sondern für denjenigen, der forderungsberechtigt ist; den Zweifel über dies Recht aber zu entscheiden, steht dem Schiffer nicht zu: er befreit sich durch gehörige Deposition, die Besitzfrage ist nunmehr suspendirt bis zum Ausgang des Streits über das Recht. In diesem Streit erst greift art. 651 ein: es entscheidet die Priorität der Begebung von dem gemeinschaftlichen Vormann[1]) über das Recht und damit rückwirkend über den Besitz.

Sollte sich in dem Streit um das Recht aus dem Konnossement die Priorität der Begebung nicht ermitteln lassen oder sollten die mehreren Exemplare nicht durch einen gemeinschaftlichen Vormann begeben sein, so ist die Besitzfrage ebenfalls suspendirt von dem Momente an, wo dem Schiffer gegenüber die Kollision eintritt. Es gilt aber dann nicht, als ob kein Konnossement ausgestellt wäre;[2]) es wird nicht die Möglichkeit des Besitzes, sondern nur der Nachweis der Berechtigung aus dem Konnossement ausgeschlossen; diesen Nachweis müssen die mehreren Konnossementsinhaber auf anderem Wege erbringen. Wer ihn erbracht hat, erweist sich damit als schliesslicher forderungsberechtigter Konnossementsinhaber und erhält die deponirte Ware auf Grund und nach Massgabe seines Konnossements.

VII.

Wir haben im Vorstehenden eine Konstruktion für den im art. 649 enthaltenen Rechtssatz zu geben versucht, die diesen nicht als anomale Schöpfung des Gewohnheitsrechts, sondern als hervorgegangen und vereinbar mit der Absicht

---

[1]) Bei dem nach einem andern Ort übersandten Exemplar wird die Zeit der Uebergabe durch den Zeitpunkt der Absendung bestimmt.

[2]) So Goldschmidt § 74, S. 732; aber wenn „es gilt, als ob kein Konnossement ausgestellt wäre," wer ist dann Besitzer der deponirten Ware? der Absender kann es nicht sein, denn er hat den Besitz aufgegeben; unter obiger Annahme könnte es auch keiner der Konnossementsinhaber: es wäre also Niemand Besitzer. Wir meinen, dass auf alle Fälle Einer der Konnossementsinhaber der berechtigte sein muss und zwar nicht der bessere, sondern der einzig Berechtigte.

der Parteien, mit dem Wesen des Konnossements und mit den Grundsätzen des bürgerlichen Rechts vom Besitz durch Stellvertreter erscheinen lässt.

Beim Ladeschein findet sich ein entsprechender Rechtssatz im Gesetz nicht ausgedrückt. Es stehen sich darum in Bezug auf seine Anwendbarkeit zwei Meinungen gegenüber.

Die eine[1]) sieht gerade in der Nichtaufnahme einer dem art. 649 analogen Bestimmung beim Ladeschein einen Hauptunterschied desselben vom Konnossement.

Die andere[2]) erachtet den art. 649 in Betreff der Wirkung auf die Besitzverhältnisse für analog anwendbar beim Ladeschein.

Für diese letztere Meinung bestimmen uns verschiedene Erwägungen:

1. Aus den Materialien des Gesetzes[3]) ist zu ersehen, dass bis zur III. Lesung Konnossement und Ladeschein in dieser Frage vollkommen gleich behandelt wurden. Im Preuss. Entwurf waren Beide gleichgestellt; sodann setzte man die dingliche Wirkung der Uebertragung erst beim Ladeschein fest, strich sie aber wieder, als man beim Konnossement keinen entsprechenden Rechtssatz aufnahm. Nachdem aber doch in II. Lesung für das Konnossement der art. 649 angenommen wurde, setzte man dieselbe Bestimmung auch beim Ladeschein wieder ein. Erst in III. Lesung wurde sie bei letzterem aus nebensächlichen[4]) Erwägungen gestrichen.

---

[1]) Handelsgericht zu Hamburg vom 17. Juli 1878, HGZ. XI. 158. — v. Hahn, art. 415 § 3. — v. Gerber, Deutsch. Privatrecht § 183, A. 15. — OAG. zu Lübeck 22. Juni 1869 in Seufferts Archiv XXIV. No. 72.

[2]) Goldschmidt, § 75, S. 766. — Anschütz III. 128. — RG. 1. Okt. 1881. Entsch. Bd. V. 80. — Makower, art. 413, A. *) — Puchelt, art. 413 No. 4. — Eger, III. 15. — Keyssner, S. 472.

[3]) Preuss. Entw., art. 230, 2. — Motive, S. 116, 117. — Prot. 443—446. 446—451. — Entw. I., art. 351. — Entwurf II., art. 388. Prot. 1247. — Konnossement: Prot. 2217, 2218, 2219—2226. Prot. 4015—4034. Ladeschein: Prot. 4130, 4131, 4774.

[4]) Anders Obergericht zu Hamburg, 23. Okt. 1868 in Busch XVI. 191.

Diese durchgehende Gleichstellung der dinglichen Wirkungen der Uebergabe von Konnossement und Ladeschein zeigt wenigstens, dass ein Unterschied in diesem Punkte nicht beabsichtigt worden ist, und berechtigt wohl zu der Annahme, dass hier analoge Ausdehnung des bei dem einen Institut ausgesprochenen Rechtssatzes auf das andere gestattet ist.

2. Es sind die Konsequenzen dieses Rechtssatzes für Pfand- und Retentionsrecht in durchaus gleicher Weise für das Konnossement wie für den Ladeschein anerkannt;[1] „durch" Beide ist der Berechtigte „in der Lage, über das Gut zu verfügen."

3. Es ergibt sich schliesslich der Rechtssatz nach unserer oben ausgeführten Konstruktion teils aus den gesetzlichen Bestimmungen, teils aus dem Wesen des Ladescheins. Nach art. 416 ist der Frachtführer, der einen Ladeschein ausgestellt hat, der Verfügung des Absenders als solchen entzogen; der Absender als solcher hat also die Detention aufgegeben. Nach art. 417 darf der Frachtführer nur an den legitimirten Empfänger ausliefern: sein diesbezügliches Versprechen bekundet, dass er für diesen schliesslichen forderungsberechtigten Ladescheininhaber detiniren will.

Es hat also auch der berechtigte Ladescheininhaber Besitz an der vom Frachtführer für ihn detinirten Ware[2]; in Kollisionsfällen mehrerer Ladescheininhaber sind die beim Konnossement gegebenen Bestimmungen (art. 650, 651) analog anwendbar, nicht weil sie beim Konnossement gesetzt sind, sondern weil sie folgen aus dem Besitz des schliesslichen forderungsberechtigten Ladescheininhabers.

---

[1] Goldschmidt, § 75, S. 767. — Eger III. 15. — HGB. art. 374, 382, 313. — Reichsgesetz betr. Einführung der Konkursordnung vom 10. Febr. 1877. § 14, Abs. 2 und Motive dazu.

[2] Anders allerdings Erkenntnis des Handelsgerichts zu Hamburg vom 18. Nov. 1872. HGZ. VI. No. 25.

VIII.

Die Wirkungen der Uebergabe von Konnossement und Ladeschein können aufgehoben werden durch das auch von R. Konk.-O. § 36 anerkannte Hemmungsrecht (right of stoppage in transitu[1]), welches dem wegen des Kaufpreises der verladenen Ware nicht vollständig befriedigten Absender gestattet, wegen einer nach Empfang des Konnossements eingetretenen Insolvenz des Destinatärs die noch auf dem Transport befindlichen Güter zurückzufordern.[2])

Auszuüben ist das Hemmungsrecht entweder durch Arrestlegung oder durch Inhibirung der Auslieferung mittelst Nachsendung eines zweiten Konnossements: besser aber durch erstere, da das zweite Konnossement nicht mehr, wie z. B. nach der Hamburger Neuen Falliten-Ordnung von 1753[3]), dem ersteren „ohne Widerspruch vorgezogen wird", sondern nur Deponirung der Ware von Seiten des Schiffers und für den Absender Notwendigkeit eines Streites mit dem anderen Konnossementsinhaber zur Folge hat.

Die Klage des Absenders ist eine actio publiciana rescissoria, auf Rückgängigmachung der mit der Uebergabe des Konnossements verknüpften dinglichen Wirkungen.

Das Hemmungsrecht wird ausgeschlossen dadurch, dass die Güter vor Eröffnung des Konkursverfahrens am Orte der Ablieferung[4]) angekommen und in den Gewahrsam (wirklichen Gewahrsam.[5]) faktische Innehabung) des Gemeinschuldners oder eines Vertreters desselben[6]) gelangt sind.

Ferner cessirt es, wenn vor der Ankunft der Güter am Bestimmungsort ein Dritter Rechte an den Gütern er-

---

[1]) Erkenntnis des Handelsgerichts zu Hamburg, 24. März 1879. HGZ. XII. 40.

[2]) Lewis, art. 649 No. 5. — Goldschmidt, §. 82, S. 866 f.

[3]) Hamb. N. Fall.O. von 1753, art. 25. — Voigts N. A. III. 273.

[4]) ROHG. VI. 305.

[5]) RG. VIII. 87. — Goldschmidt, § 82, S. 367. — Hamb. N. Fall. O. § 25 No. 3.

[6]) v. Wilmowski Kommentar zur Konkursordnung S. 211.

worben hat durch gutgläubigen Erwerb entweder reichsgesetzlich auf Grund von HGB. art. 306 oder nach den Landesgesetzen, wo der Grundsatz „Hand muss Hand wahren" oder ein ähnlicher gilt.

III. Abschnitt. Erfüllung.
I. In Bezug auf das Empfangsbekenntnis.
Kapitel I.
Vertretung des Empfangsbekenntnisses.

I.

Ohne das Dazwischentreten der Konnossementsverpflichtung verbindet den Schiffer zur Rückgabe der Güter nur das receptum; er ist gehalten zurückzugeben, was er empfangen hat: es stehen ihm gegen den Empfänger in Bezug auf die zu restituirende Ware alle Einreden zu, die sich auf ein Nicht- oder Andersempfangenhaben der Ware gründen.

Durch die Konnossementszeichnung wird jedoch seine Stellung geändert. Jetzt übernimmt er die Verpflichtung, dem legitimirten Inhaber des Konnossements die bezeichnete Ware auszuliefern. Dieser legitimirte Inhaber bedarf zu seiner Sicherheit und darum das Konnossement zu seiner Umlaufsfähigkeit eines zuverlässigen Zeugnisses über Quantität, Qualität etc. der Ware. Ein solches enthält das Konnossement in Gestalt des Empfangsbekenntnisses und je mehr dieses von Einreden und Gegenbeweisen unabhängig ist, desto mehr ist das Konnossement befähigt, den Umlauf der darin bezeichneten Güter zu vermitteln.

Aber der Schiffer ist sich auch bewusst, dass sein Bekenntniss eine solche Wichtigkeit für Dritte besitzt; er weiss, dass es für den Verkehr bestimmt ist und dass er selbst, so viel an ihm liegt, verhindern muss, dass durch ein falsches Bekenntnis Dritte getäuscht werden.[1]

---
[1] ROHG. 30. Mai 1879. Entsch. Bd. XXV. 196.

Sodann hat der Schiffer auch bei der Zeichnung von Konnossementen die Sorgfalt eines ordentlichen Schiffers anzuwenden; er haftet für jedes Verschulden.[1]) Ohne ein Verschulden seinerseits ist aber die Ausstellung eines mit den thatsächlichen Verhältnissen in Widerspruch stehenden Konnossements kaum denkbar.

Aus diesen Erwägungen hat zuerst die Praxis[2]) den Satz aufgestellt: der Schiffer hat in jedem Falle für sein Empfangsbekenntnis einzustehen; es wird ihm gegen dasselbe ein Gegenbeweis nicht gestattet.

Der Praxis ist das Gesetz gefolgt[3]): „Das Konnossement ist entscheidend für die Rechtsverhältnisse zwischen dem Verfrachter und dem Empfänger der Güter; insbesondere muss die Ablieferung der Güter an den Empfänger nach Inhalt des Konnossements erfolgen."

Der erste Satz stellt das Prinzip auf: indem das Konnossement entscheidend und zwar allein[4]) entscheidend ist für die Rechtsverhältnisse zwischen dem Ablader und dem Empfänger, sind alle sich nicht auf die Schrift gründenden Einreden, alle Gegenbeweise gegen die in der Schrift enthaltenen Erklärungen ausgeschlossen. Es ist also dadurch anerkannt, dass die Forderung aus dem Konnossement sich nur auf dieses stützt, dass sie eine streng der Schrift gemässe, eine Skripturobligation ist.

II.

Eine Anzahl von Konsequenzen aus dieser Skripturrechtsnatur hat das Gesetz ausdrücklich gezogen: denn als solche Konsequenzen[5]) stellen sie sich dar, nicht als positive[6])

---

[1]) Lewis in E. IV. S. 173. — Seerecht, art. 653 No. 1.
[2]) Handelsgericht zu Hamburg, 14. April 1851 in Ulrich No. 15; 1. Nov. 1852 in Ulrich No. 80.
[3]) HGB. art. 653.
[4]) ROHG. vom 10. Jan. 1871. Entsch. Bd. I. 203.
[5]) Goldschmidt, Z. f. HR. XXIX. S. 26, 30.
[6]) RG. 1. Okt. 1881. Entsch. Bd. V. 80.

Beifügungen. Sie betreffen sämtlich[1]) die Frage der Vertretung des Empfangsbekenntnisses. Sie sind Konsequenzen des Prinzips insofern, als sie den allgemeinen Satz durch spezielle Anwendungen erläutern und sicherstellen.

a. Die erste dieser Konsequenzen führt sich schon dementsprechend ein: „insbesondere" muss die Ablieferung der Güter nach Inhalt des Konnossements erfolgen"[2]); es ist also gegen das Empfangsbekenntnis in Betreff der Quantität und Qualität der Güter die Einrede unwirksam, dass der Schiffer gar nichts oder weniger erhalten habe, als das Konnossement angibt, oder dass er das Konnossement in der Erwartung der Abladung im Voraus gezeichnet habe.

b. Eine weitere Konsequenz[3]) verpflichtet den Schiffer zur Vertretung der Richtigkeit der im Konnossement gegebenen Bezeichnung der Güter.

c. Dies sogar, „wenn[4]) die Güter dem Schiffer in Verpackung oder in geschlossenen Gefässen übergeben sind", und dieser Umstand im Konnossement nicht bemerkt ist.

Wie sehr es sich in diesen Fällen gerade um die Vertretung des Empfangsbekenntnisses handelt, sehen wir aus der Bestimmung, dass selbst unbestrittene oder nachgewiesene Identität der abgelieferten und der übernommenen Güter nicht von der Vertretung der Schrift befreit.[5])

d. Eine ähnliche Verstärkung der Wirkung des Bekenntnisses bringt art. 660. Es haftet der Schiffer aus dem Bekenntnis für die Beschaffenheit und Verpackung der Güter, trotzdem nachweislich Schaden und Mängel daran schon bei der Empfangnahme bestanden, sofern dieselben damals schon sichtbar waren und dennoch nicht im Konnossement vermerkt wurden.

---

[1]) OAG. zu Lübeck, 27. Jan. 70 in Kierulf VI. S. 51.
[2]) art. 653. 2. — Goldschmidt, § 72, S. 688.
[3]) art. 654. 1. — Handelsgericht zu Hamburg vom 3. Juni 1873. HGZ. VII. No. 16.
[4]) art. 655. 1.
[5]) art. 655. 3.

e. „Wenn die Fracht nach Zahl, Mass oder Gewicht angegeben ist, so ist diese Angabe für die Berechnung der Fracht entscheidend."[1]) Also weder die gelöschte noch die wirklich eingenommene, sondern die als eingenommen bekannte Zahl.[2])

f. Eine weitere Konsequenz ist die, dass, wenn vielleicht[3]) unter Berücksichtigung der thatsächlichen Verhältnisse es gestattet sein sollte, diese strenge Vertretung der Schrift zu mildern,[4]) dies immer nur in der Schrift selbst geschehen kann.

Alle diese unter a bis f angegebenen Rechtssätze sind nur Konsequenzen aus dem Prinzip des art. 653 Satz 1; aber sie sind so selbständig hingestellte, dass selbst das Reichsgericht[5]) sie für unabhängige positive Rechtssätze ansehen konnte.

Indess nicht nur ein Zusammenhang mit art. 653 Satz 1, sondern auch ein solcher dieser Bestimmungen untereinander lässt sich bei genauerer Betrachtung erkennen: Wo durch die konsequente Durchführung des Prinzips übertriebene Härten entstehen würden, da kann der Verkehr sich helfen durch die üblichen Klauseln, die und wenn sie auf das Konnossement gesetzt werden; und ebenso: damit nicht durch allzu grosse Anwendung der befreienden Klauseln das Prinzip zu Schaden komme, ist es nötig, dass gerade die von den üblichen Klauseln betroffenen Konsequenzen desselben mit Schärfe festgestellt sind.

III.

Beim Ladeschein findet sich in Bezug auf die Vertretung des Empfangsbekenntnisses nur der Satz: „der Ladeschein

---

[1]) art. 658.

[2]) ROHG. vom 10. Jan. 1871. Entsch. Bd. I. 200. — OAG. zu Lübeck 27. Jan. 1870 in Kierulf VI. 54.

[3]) Wir werden von der Ausschliessung der Vertretung des Empfangsbekenntnisses unten (III. Abschnitt, Kapitel III) handeln.

[4]) artt. 655, 656, 657.

[5]) RG. 1. Okt. 1881. Entsch. Bd. V. 80.

entscheidet für die Rechtsverhältnisse zwischen dem Frachtführer und dem Empfänger des Guts."[1])

Ein Antrag, entsprechend dem art. 653 S. 2 einen Zusatz aufzunehmen, wurde abgelehnt.[2])

Die Ansichten der Theorie gehen nun nach der einen Seite[3]) dahin, dass aus der durch art. 415 auch beim Ladeschein anerkannten Skripturobligation alle beim Konnossement ausgedrückten Konsequenzen zu ziehen seien; nach der anderen Seite[4]) dahin, dass aus der Nichtaufnahme dieser Konsequenzen ihre Nichtanwendbarkeit auf den Ladeschein folge; es sei bei demselben die strenge Skripturobligation nicht anerkannt und demgemäss Gegenbeweis gegen das Empfangsbekenntnis zulässig.

In der Praxis hat sich das Preuss. Obertribunal[5]) für Statthaftigkeit des Gegenbeweises ausgesprochen; ebenso das Reichsgericht[6]) unter scharfer Scheidung von Konnossement und Ladeschein. Letzteres begründet sein Votum damit, dass es eine für Konnossement und Ladeschein gleiche, aus allgemeinen Grundsätzen sich herleitende Haftung für Verschulden bei Abgabe des Bekenntnisses annimmt, die darüber hinausgehende Haftung beim Konnossement für durch positive und darum auf den Ladeschein nicht auszudehnende Bestimmung beigefügt hält.[7])

---

[1]) art. 415.
[2]) Prot. 4771—4774.
[3]) Goldschmidt, § 75, S. 764 u. N. 94. — Anschütz u. v. Völderndorff III. S. 125. — Eger III. 60, 62.
[4]) v. Hahn, art. 415 § 3. — Keyssner, S. 474. — Makower art. 415. N. 40a u. b.
[5]) Preuss. Obertrib. 2. Mai 1865 in Busch, Archiv IX. S. 270—274. . . . 19. Sept. 1867 in Striethorst Bd. 68, S. 174; auch das Kom. und Adm.-Koll. Königsberg 11. Juni 1868. Centr.-Org. N. F. Bd. V. S. 211.
[6]) RG. 16. April 1881. Entsch. Bd. IV. 87. . . . 1. Okt. 1881. Entsch. Bd. V. 81, 82.
[7]) Warum eine Untersuchung der einzelnen Vorschriften auf ihren Zusammenhang mit allgemeinen Rechtssätzen „sich in masslose Kasuistik verlieren" sollte, wie Eger, Frachtrecht III. S. 62 meint, will uns nicht recht einleuchten. Eine derartige Untersuchung ist vielleicht doch fördernder als eine nach dem Muster Eger's ausgeführte emptio per aversionem des ganzen Konnossementsmaterials!

IV.

Es ist schon oben unsere Auffassung des art. 653 Satz 1 und somit auch des art. 415 S. 1 dargelegt: dass darin das Prinzip der Unwiderleglichkeit des schriftmässigen Bekenntnisses, also die Anerkennung der Skripturobligation gegeben sei. Und zwar in gleicher Weise für das Konnossement wie für den Ladeschein.

Nun sind aber aus diesem gemeinsamen Prinzip beim Konnossement eine Anzahl Folgerungen gezogen, teils verschärfende, teils erleichternde, jedenfalls derart zusammengehörig,[1]) dass mit den einen auch die anderen fallen würden. Betrachten wir zunächst die ersteren.

Es ergibt sich aus den Protokollen, dass der Antrag auf Beifügung eines Zusatzes zu art. 415 hauptsächlich deshalb abgelehnt wurde, weil man dem Frachtführer keine allzu schwere Haftung auflegen wollte.

Und dies entspricht den thatsächlichen Verhältnissen: Vor allem der schon oben dargelegten Art des Gewerbebetriebs der gewöhnlichen Fuhrleute und Flussschiffer; auch der durch die kürzere Zeit der Reise bedingten geringeren Negoziabilität des Ladescheins. Sodann aber vertraut im Fluss- und Landverkehr mit seinen erheblich kürzeren Distanzen der Nehmer des Ladescheins mehr der Redlichkeit des Absenders; er hat es nicht nötig für sein Vertrauen eine Mittelperson in Gestalt des Schiffers anzunehmen wie bei den langen Seetransporten. Die Belastung des Frachtführers auf der andern Seite mit allen Konsequenzen der Skripturobligation würde diesen, der sie doch nicht übersehen kann, ungebührlich zu Schaden bringen.

In Bezug auf die erleichternden Bestimmungen der artt. 655—657 lauten die Berichte aus der Praxis des Verkehrs dahin, dass solche Klauseln im Binnenverkehr durchaus nicht üblich sind. Und sollten sie einmal vorkommen, dann

---

[1]) Prot. 4770—4774.

unterliegen sie vorteilhafter freiem richterlichem Ermessen, als dass man den ganzen, dem Frachtführer doch unbekannten Apparat des Seerechts heranzieht.

So sind also die im Seerecht angeführten Konsequenzen des art. 653 S. 1 beim Ladeschein teils vom Gesetzgeber, teils vom Verkehr nicht gewollt und daher ausdrücklich weggelassen.

Daraus folgt, dass alle diese Bestimmungen des Seerechts beim Ladeschein nicht nur nicht analoge sondern überhaupt keine Anwendung leiden. Streitige Fälle, die beim Konnossement unter die artt. 653 S. 2 bis 658, 660 gehören würden, unterliegen beim Ladeschein dem freien richterlichen Ermessen.

Es ist ferner der Gegenbeweis dem Frachtführer zu gestatten[1]) gegen sein Empfangsbekenntnis in Betreff der Quantität und Qualität der Güter, in Betreff ihrer Bezeichnung, in Betreff ihrer Zahl, Masses oder Gewichts im Fall des art. 658; er haftet wegen Unrichtigkeit des Empfangsbekenntnisses in den angeführten Punkten überhaupt nur soweit ihn ein Verschulden trifft[2]): aber es kann ihm auch nicht offen gelassen werden, sich von der hiernach noch übrig bleibenden Haftung durch Beifügung von Klauseln freizuzeichnen.

Was nun noch von der Skripturobligation des art. 415 übrig bleibe? Alle Folgerungen aus derselben mit Ausnahme der soeben angegebenen, die wir als beim Konnossement ausgesprochene, beim Ladeschein unzulässige Konsequenzen bezeichnet haben. So z. B. die Angabe der Ausstellungszeit, des Ausstellungsortes etc.[3])

---

[1]) v. Hahn art. 415 § 3. — Keyssner S. 474. — So auch die Praxis des Preuss. Obertrib. — Handelsgericht zu Hamburg, 26. Sept. 1868. HGZ. I. 238.

[2]) Handelsgericht zu Hamburg, 20. Jan. 1870. HGZ. III. 261.

[3]) ROHG. 30. Mai 1879, Bd. XXV. 192. — RG. 15. Dez. 1880, Entsch. Bd. 101. — Handelsgericht zu Hamburg, 21. Sept. 1877. HGZ. X. 195. — Obergericht, 23. Nov. 1877, ibid. X. 215. — Handelsgericht zu Hamburg, 16. Jan. 1879. HGZ. XII. 37.

Allerdings ist es eine unvollkommene Skripturobligation, die übrig bleibt; aber sie genügt für die Bedürfnisse des unentwickelteren Instituts, und ein Mehr wäre unbillig und gefährlich.

Kapitel II.

Umfang der Haftung.

Nachdem unsere Untersuchung über die Vertretung des Empfangsbekenntnisses soeben das Resultat ergeben hat, dass der Schiffer für sein im Konnossement abgegebenes Bekenntnis einzustehen hat, der Frachtführer dagegen in Bezug auf die angeführten Punkte nur für Verschulden bei Ausstellung dieses Bekenntnisses, liegt es nahe, jetzt auf den Umfang dieser Haftung einzugehen.

Auch dieser ist, ebenso wie der Grund der Haftung bei Konnossement und Ladeschein verschieden.

Beim Konnossement „habe der Schiffer[1]) die Verbindlichkeit, das Erhaltene abzuliefern und sein Konnossement zu vertreten. Hieraus folge, dass er für den Wert dessen einzustehen habe, was der Empfänger nach Inhalt des Konnossements von ihm abgeliefert zu erhalten berechtigt sei". Nur diesen Wert, nicht sein Interesse kann der Empfänger fordern; denn nur über diesen Wert lautet das von dem Schiffer zu vertretende Bekenntnis.

Als Konsequenz ergibt sich hieraus, dass bei Nichtübereinstimmung der Güter mit der Angabe im Konnossement, der Empfänger nicht die abgelieferten Güter zurückweisen[2]) und den vollen Wert fordern darf, sondern dass er nur einen Anspruch auf Ersatz des Minderwertes hat. Denn wenn schon der Schiffer, der gar nichts abliefert, nur auf Ersatz des Wertes haftet, so darf er sich, wenn er etwas abliefert, das nicht ohne Wert ist, nicht schlechter stehen.

---

[1]) Prot. 2279.
[2]) HGB. art. 654, Satz 2. — Schlodtmann in Goldschmidt, Z. f. HR. XXI. 409.

Selbstverständliche Voraussetzung dieser letzteren Bestimmung ist,[1]) dass der Schiffer dasjenige abliefern will, was er empfangen hat und nicht etwas **Anderes**.

Beim Ladeschein haftet der Frachtführer nur, soweit ihm ein Verschulden bei der Abgabe des Bekenntnisses zur Last fällt.[2]) Dann aber haftet er nach allgemeinen Grundsätzen[3]) für das **Interesse** des durch sein Verschulden Verletzten, also des berechtigten Empfängers als selbständigen Gläubigers[4]) aus dem Ladeschein.

Die Bestimmung von art. 654, 2 greift nicht Platz.

Der Beweis des Verschuldens ist, im Falle einer Nichtübereinstimmung der Güter mit dem Bekenntnis im Ladeschein, als erbracht anzusehen, wenn es dem Frachtführer nicht gelingt, die Anwendung der Sorgfalt eines ordentlichen Frachtführers seinerseits darzuthun.

Kapitel III.
Ausschliessung der Vertretung des Empfangsbekenntnisses.

I.

Die Möglichkeit von der Vertretung des Empfangsbekenntnisses sich zu befreien, ist dem Schiffer beim Konnossement gegeben. Es sind drei Fälle, von denen die beiden letzten sich annähernd gleich, der erste von ihnen wesentlich verschieden ist: in jenen wird die Haftung ausgeschlossen, in diesen cessirt sie von selbst.

1. Es cessirt die Verpflichtung zur Vertretung des Bekenntnisses im Falle des Zusammentreffens von vier Voraussetzungen[5]):

---

[1]) Handelsgericht zu Hamburg von 1872 in der HGZ. V. No. 108.
[2]) Handelsgericht zu Hamburg, 20. Jan. 1870. HGZ. III. 261.
[3]) Arndts Pandecten § 250. — v. Hahn, art. 415 § 2. — Schott in E. III. 432. — Thöl III. 82.
[4]) Thöl III. 82. Goldschmidt, Z. f. HR. XXVI. S. 608.
[5]) HGB. art. 655. — Lewis Seerecht art. 655 No. 2. — Goldschmidt § 72. S. 689, 690.

a. dass die Güter dem Schiffer in Verpackung oder in geschlossenen Gefässen übergeben sind;

b. dass dies und damit die Schwierigkeit für den Schiffer, die Gattung der einzelnen Güter zu konstatiren, aus dem Konnossement erhellt;

c. dass der Schiffer beweisen kann, dass die abgelieferten Güter mit den empfangenen identisch sind;[1])

d. dass er beweist, dass ungeachtet der Sorgfalt eines ordentlichen Schiffers die Unrichtigkeit der in dem Konnossement enthaltenen Bezeichnung nicht wahrgenommen werden konnte.

Diese Zuteilung der Beweislast ist praktisch gerechtfertigt, weil der Schiffer leichter die Anwendung der Sorgfalt, als der Empfänger die Nichtanwendung wird beweisen können.[2])

Das Resultat des Zusammentreffens jener vier Voraussetzungen ist, dass die Haftung aus dem Empfangsbekenntnis cessirt und es bei der aus dem Frachtvertrage und aus dem Receptum verbleibt.[3])

2. Die Vertretung des Empfangsbekenntnisses kann in Bezug auf einzelne Punkte, z. B. den Inhalt, die Quantität der Güter, ausgeschlossen werden. Jedoch ist als Prinzip hierbei festzuhalten,[4]) dass die Ausschliessung der Vertretung wegen Unkenntnis nur insoweit gestattet ist, als sich diese Unkenntnis mit der Sorgfalt eines ordentlichen Schiffers verträgt.

Die Voraussetzung, unter welcher der Schiffer die Vertretung im Konnossement ablehnen darf, der Ablader ein solches abgeschwächtes Konnossement annehmen muss, ist die begründete Unkenntnis in Betreff der im Konnossement enthaltenen Angaben. So, wenn dem Schiffer Güter

---

[1]) Prot. V. S. 2268.
[2]) Makower art. 655, A. 169a.
[3]) ROHG. 30. Juni 1871. Entsch. Bd. III. 25.
[4]) Schlodtmann in Z. f. HR. XXI. S. 402. — Lewis Seerecht art. 656 No. 3, art. 657 No. 1.

in Verpackung oder in geschlossenen Gefässen übergeben werden[1]); oder wenn die im Konnossement nach Zahl, Mass oder Gewicht bezeichneten Güter ihm nicht zugezählt,[2]) zugemessen oder zugewogen sind. Unter dieser Voraussetzung kann der Schiffer das Konnossement mit einer entsprechenden Klausel[3]) „Inhalt unbekannt", „Zahl, Mass, Gewicht unbekannt" oder einem gleichbedeutenden Zusatz versehen.

Die Setzung dieser Klauseln hat eine doppelte Wirkung:

a. sie befreit den Schiffer von der Vertretung seiner Konnossementsangaben; er haftet nicht mehr aus dem Bekenntnis, sondern aus dem receptum[4])

b) sie stellt den Schiffer günstiger wie im Falle des art. 655 in Bezug auf die Beweislast[5]): nicht er hat die Identität der Güter zu beweisen, sondern es ist der Empfänger zu dem Beweise genötigt, dass jener einen anderen als den abgelieferten Inhalt[6]) oder ein anderes als das abgelieferte Quantum[7]) empfangen habe.

Es wird also der Schiffer erleichtert im ersten Falle (art. 655) durch Ausschliessung der Haftung aus dem Bekenntnis, in den beiden andern Fällen durch Ausschliessung der Haftung und Uebertragung der Beweislast.

II.

Eine Ausschliessung der Haftung aus dem Bekenntnis wird durch Klauseln nicht herbeigeführt im Falle des art. 660.

Dort ist ausdrücklich bestimmt, dass für bei der Empfangnahme sichtbare, trotzdem im Konnossement nicht

---

[1]) art. 656. — Handelsgericht zu Hamburg, 15. März 1868 (7. Mai 1868.) HGZ. III. 115.

[2]) art. 657.

[3]) artt. 656, 657.

[4]) Handelsgericht zu Hamburg, 15. März 1868. HGZ. III. 115. — Handelsgericht zu Hamburg, 30. Jan. 1872. HGZ. V. No. 50.

[5]) ROHG. 30. Juni 1871. Entsch. Bd. III. 25. — Handelsgericht zu Hamburg, 4. Aug. 1872. HGZ. V. 106.

[6]) art. 656.

[7]) art. 657.

vermerkte Mängel der Beschaffenheit und Verpackung der Schiffer zu haften habe und dass diese Haftung durch Klauseln nicht auszuschliessen sei.[1]) Es können aber dennoch solche Klauseln gültig gesetzt werden, vorausgesetzt, dass das Nichtwahrnehmen der Mängel sich bei dem Kapitän, der zwar zur Sorgfalt eines ordentlichen Schiffers, aber nicht eines mit spezieller Warenkunde ausgestatteten Kaufmanns verpflichtet ist, entschuldigen lässt.[2]) Die Wirkung der beigefügten Klausel äussert sich aber nur in Bezug auf die Beweislast. Nach Analogie von artt. 655 und 656 muss bei reinem Konnossement der Schiffer die Nichterkennbarkeit, bei einem mit derartigen Klauseln versehenen der Destinatär die damalige Erkennbarkeit der Mängel beweisen.[3])

III.

Beim Ladeschein ist eine derartige Ausschliessung der Haftung aus dem Bekenntnis nicht üblich; sie ist ja auch nicht notwendig, da der Frachtführer nur für Verschulden bei Abgabe des Bekenntnisses haftet und ihm gegen fast alle Punkte desselben, sicher gegen die durch Klauseln betroffenen, der Gegenbeweis zusteht. Ueber die Zulässigkeit und Wirkung einer trotzdem etwa beabsichtigten Ausschliessung der Haftung ist im Gesetz beim Ladeschein nichts gesagt; ihre Beurteilung unterliegt daher freiem richterlichen Ermessen.

Es lässt sich aber aus dem Wesen des Empfangsbekenntnisses im Ladeschein und aus der Absicht der Parteien bei Setzung solcher Klauseln eine allgemeine Interpretationsregel ableiten.

Zuerst ist festzuhalten, dass auch hier eine Ausschliessung der Vertretung wegen Unkenntnis nur dann statthaft ist, wenn in dieser Unkenntnis selbst keine Verletzung der Sorgfalt eines ordentlichen Frachtführers, also kein Ver-

---

[1]) Handelsgericht zu Hamburg, 5. Jan. 1869. HGZ. III. 24.
[2]) RG. 16. April 1881. Entsch. Bd. IV. 90. — Lewis, art. 660 No. 2.
[3]) ROHG. 30. Juni 1871. Entsch. Bd. III. 28.

schulden liegt. Es können ihrer Natur nach derartige befreiende Klauseln nur unter ähnlichen Voraussetzungen[1]) wie beim Konnossement gültig und wirksam sein.

Sodann aber ist ihre Wirkung eine Veränderung der Beweislast:

Ohne Klausel steht dem Frachtführer gegen sein Empfangsbekenntnis der Beweis zu, dass er das Empfangene abgeliefert habe und dass ihn bei Ausstellung des unrichtigen Bekenntnisses kein Verschulden treffe.

In der Setzung einer Klausel aber liegt eine weitere Abschwächung des Empfangsbekenntnisses und eine Ablehnung der Vertretung desselben auch nur in dem beschränkten Masse, dass es wenigstens durch Gegenbeweis entkräftet werden muss. Vielmehr kann statt dessen der Frachtführer den Beweis des Empfängers abwarten, dass er etwas Anderes oder weniger als das Empfangene abgeliefert habe. Denn er haftet dann nur noch ex recepto[2]); sein Bekenntnis im Ladeschein hat nicht einmal soviel Kraft, um erst noch von ihm widerlegt werden zu müssen.

Der Fall des art. 655 geht beim Ladeschein in den allgemeinen Regeln von der Gestattung des Gegenbeweises auf; bei der Uebergabe der Güter in Verpackung oder in geschlossenen Gefässen wird dem Frachtführer der Beweis der Abwesenheit von Verschulden besonders leicht fallen.

In dem Falle des art. 660, dass schon beim Empfang wahrnehmbare Beschädigungen oder Mängel der Ware nicht im Empfangsbekenntnis bemerkt wurden, wird wohl stets ein Verschulden des Frachtführers vorliegen; die Haftung dafür kann er nicht ausschliessen, höchstens die Beweislast durch Klauseln von sich ablehnen.

Im Ganzen sind also die Vorschriften über die Klauseln im Konnossement (artt. 656. 657) nicht etwa analog auf den

---

[1]) HGB. artt. 656. 657.
[2]) So für die Klausel „Inhalt unbekannt" arg. art. 657 die Entsch. des ROHG. 10. Dez. 1872. Entsch. Bd. VIII. 192.

Ladeschein auszudehnen; aber es ergibt sich aus der Natur dieser Klauseln, dass sie nur unter den dort erwähnten Voraussetzungen möglich und dass ähnliche Wirkungen derselben in Bezug auf die Beweislast auch beim Ladeschein statthaft sind.

2. In Bezug auf das Auslieferungsversprechen.

Kapitel IV.
In Gemässheit des Auslieferungsversprechens.

I.

Die Auslieferungspflicht des Schiffers und Frachtführers gründet sich auf das Auslieferungsversprechen im Konnossement und Ladeschein. Die Ablieferung kann erfolgen in Bezug auf alle übrigen Momente entweder in Gemässheit oder unter Modifizirung des Versprechens: in Bezug auf die abzuliefernde Ware ist ihre Grundlage einmal das Empfangsbekenntnis; sodann aber treten für die Zeit des Transportes die Regeln des receptum hinzu; es haftet für diese Zeit der Schiffer ex recepto in dem gesetzlich fixirten Umfang. Es ist zu untersuchen, wieweit auch diese Haftung durch Bemerkungen auf dem Konnossement oder Ladeschein ausgeschlossen werden kann.

II.

Zu den wichtigsten Bestandteilen des Auslieferungsversprechens gehört das Versprechen, am Bestimmungsort und dasjenige, an den legitimirten Empfänger auszuliefern.

Ueber den Fall, dass die Auslieferung in Bezug auf den Bestimmungsort in Gemässheit des Versprechens erfolgt, ist nichts zu bemerken; inwiefern jedoch eine Modifikation desselben eintreten kann, wird unten zu erörtern sein.

Ueber die Legitimation zum Empfang des Gutes finden sich fast gleichlautende Bestimmungen bei Konnossement und Ladeschein[1]): „Zur Empfangnahme der Güter legitimirt ist

---

[1]) HGB. art. 647, 2. art. 417.

derjenige, an welchen die Güter nach dem Konnossement abgeliefert werden sollen oder auf welchen das Konnossement, wenn es an Order lautet, durch Indossament übertragen ist."

„Zur Empfangnahme legitimirt" heisst berechtigt nicht nur zu empfangen, sondern auch zu fordern.[1])

Der zweite auf Orderkonnossemente resp. Orderladescheine bezügliche Teil ist eigentlich in dem ersten schon enthalten: nur aus der ausdrücklichen Zufügung des zweiten Teils ergibt sich, dass der erste sich lediglich auf nicht an Order gestellte Konnossemente resp. Ladescheine bezieht.

Legitimirt ist im Falle des Namens-Konnossements resp. -Ladescheins der bezeichnete Empfänger,[2]) sowie jeder legitimirte Rechtsnachfolger oder Bevollmächtigte desselben. Die Prüfung der Legitimation ist Pflicht des Schiffers.

Im Falle des Orderkonnossements resp. Orderladescheins ist legitimirt zum Empfang der bezeichnete Empfänger oder der letzte Indossatar[3]). Beim Blancoindossament[4]) gilt als solcher der Inhaber des Konnossements. Zur Prüfung der Echtheit der Indossamente ist der Schiffer nicht verbunden.[5])

Inhaber- und Blancokonnossemente sind im deutschen Handelsverkehr nicht üblich[6]), aber an sich zulässig. Zum Empfang berechtigt ist jeder Inhaber; einer Prüfung der Legitimation von Seiten des Schiffers bedarf es nicht.

Stets aber ist bei der in Gemässheit des Versprechens stattfindenden Auslieferung der Besitz eines Exemplars des Konnossements zur Legitimation erforderlich und ausreichend.

III.

Bei der Ausstellung von mehreren Konnossementsexemplaren kann es vorkommen, dass mehrere legitimirte Inhaber von solchen die Auslieferung verlangen. Grundsätz-

---

[1]) Thöl III. 81. — Eger III. 91.
[2]) Goldschmidt, § 72, S. 693. — Makower. art. 647 A. 156.
[3]) WO. art. 36.
[4]) RG. 2. Febr. 1881. Entsch. Bd. IV. 147.
[5]) HGB. art. 305.
[6]) Goldschmidt, § 72, S. 693.

lich soll ja nur Eines der Exemplare zirkuliren oder es sollen sich die mehreren in Zirkulation gesetzten schliesslich in einer Hand zusammenfinden.[1]) Es kann aber auch, abgesehen von einem Delikt und einem Versehen, vorkommen, dass sich die mehreren Konnossementsexemplare in verschiedenen Händen befinden.

So wenn bei Unsicherheit des Destinatärs der unbezahlte Absender oder bei Konkurs über das Vermögen des Absenders dessen Gläubiger ein zweites Exemplar an einen Korrespondenten abschicken, um die Auslieferung zu verhindern.[2])

Das Gesetz unterscheidet hier nicht zwischen indossablen und nicht indossablen Konnossementen.

Gleichzeitigkeit der Meldung ist nicht erforderlich. Der Eintritt der Kollision bestimmt sich überhaupt nicht nach dem Zeitpunkt der Meldung oder eines etwa daraufhin erteilten Versprechens des Schiffers, sondern nach dem der noch nicht oder teilweise begonnenen Auslieferung. Bei späterer Meldung eines zweiten Konnossementsinhabers tritt die Kollision für den noch nicht ausgelieferten Rest ein.

Im Falle einer solchen Kollision mehrerer legitimirter Konnossementsinhaber ist der Schiffer verpflichtet,[3]) sie sämtlich zurückzuweisen, also an keinen derselben auszuliefern oder mit der bereits begonnenen Auslieferung einzuhalten. Sodann muss er die Güter gerichtlich oder in einer anderen sicheren Weise deponiren und die Konnossementsinhaber unter Angabe der Gründe seines Verfahrens hiervon benachrichtigen. Es ist dem Schiffer ferner das Recht gegeben,[4]) auf Kosten der Ladung förmlichen Protest zu erheben, eine Verpflichtung dazu ihm jedoch nicht auferlegt.

---

[1]) Goldschmidt, § 74. S. 726. — Lewis, art. 644 No. 1. — Makower, art. 647 A. 155 b. — Eger III. 99.

[2]) Lewis, Seerecht art. 618 No. 1. — Makower, art. 648 A. 157b. — Prot. 2233.

[3]) HGB. art. 648.

[4]) HGB. art. 648, 2. — Lewis, Seerecht art. 648 No. 5. — Makower, art. 648 A. 158. — Eger III. 102 f.

Bei Einigung der mehreren Konnossementsinhaber über Deponirung des Gutes bei einem von ihnen oder bei einem Dritten[1]) — dem Schiffer gegenüber herzustellen durch erklärten Rücktritt aller bis auf Einen unter Vorbehalt ihrer gegenseitigen Rechte — besteht dem Schiffer gegenüber kein Kollisionsfall mehr.

Beim Ladeschein sind Duplikate nicht üblich. Der Gesetzgeber hat ausdrücklich keine Bestimmung über dieselben aufgenommen. Für den Fall ihres Vorkommens ist kein Zweifel, dass bei Kollision mehrerer berechtigter Ladescheininhaber die durchaus zweckentsprechenden Vorschriften des art. 648 auch beim Ladeschein praktisch und anwendbar sind.

Kapitel V.
Unter Modifizirung des Auslieferungsversprechens.

I.

Trotz seines Auslieferungsversprechens kann der Schiffer genötigt sein, in Folge von Anweisungen des Abladers oder des Konnossementsinhabers entgegen dem Versprechen an anderm Ort oder an eine andere Person auszuliefern. Doch sind diese Fälle vom Gesetz genau geregelt mit Rücksicht einmal darauf, dass jeder Inhaber eines Konnossements selbständig forderungsberechtigt ist und in diesem Recht nicht geschädigt werden darf, sodann darauf, dass dem Schiffer volle Sicherheit gegen die anderweite Erhebung von Ansprüchen aus dem Konnossement gewährt werden muss.

Das Gesetz unterscheidet hierbei zwischen solchen Konnossementen, durch deren Uebertragung der Erwerber ein selbständiges, und solchen, wo er nur ein abgeleitetes Recht erhält, also zwischen den Order-, Inhaber-, Blanco-[2]) und den Namenskonnossementen[3]).

---

[1]) Prot. 2236. — Lewis, art. 648 No. 4. — Makower, art. 648 A. 157c. — Koch, Kommentar art. 648 N. 157.
[2]) HGB. art. 661, Abs. 1—3.
[3]) HGB. art. 661, Abs. 4.

Im Falle einer Modifizirung des Auslieferungsversprechens darf bei Orderkonnossementen die Auslieferung nur gegen Rückgabe sämtlicher Exemplare geschehen. Die Modifikation kann betreffen alle Punkte des Versprechens, besonders aber die Zusagen in Bezug auf den Bestimmungsort und den Empfänger.[1]) Sie kann verlangt werden

    a. von dem Ablader, gleichviel ob im Bestimmungshafen oder anderswo;[2])

    b. von dem Inhaber der sämtlichen Konnossemente, in einem anderen als dem Bestimmungshafen, selbst nach beendigter Reise.[3])

Bei Namenskonnossementen können Modifikationen des Auslieferungsversprechens verlangt werden

    a. gegen Rückgabe sämtlicher Exemplare[4])

    b. ohne Rückgabe auch nur eines Exemplars, wenn der Ablader und der bezeichnete Empfänger in die Veränderung willigen.[5])

Liefert der Schiffer unter Modifizirung seines Auslieferungsversprechens ohne Rückempfang sämtlicher Exemplare aus, so thut er dies den berechtigten Inhabern der nicht zurückgegebenen Konnossemente gegenüber auf eigene Gefahr; doch kann er wegen der deshalb zu besorgenden Nachteile zuvor Sicherheitsleistung fordern und eventuell kann auch in einer derartigen Weisung des Absenders eine Garantieübernahme für den entstehenden Schaden gefunden werden.[6])

II.

Beim Ladeschein ist die Anwendung ähnlicher Grundsätze, also die Statthaftigkeit der Analogie aus art. 661 zur Erweiterung der engen Bestimmung von art. 416, sehr bestritten.

---

    [1]) HGB. art. 661, Abs. 1 und 2; art. 662.
    [2]) Goldschmidt, § 72, S. 695.
    [3]) HGB. art. 662.
    [4]) arg. art. 661, Abs. 4 Satz 2.
    [5]) Goldschmidt, § 72, S. 697. — HGB. art. 661, Abs. 4. — Makower, art. 661, A. 178. — Lewis, art. 661 No. 4.
    [6]) Handelsgericht zu Hamburg 21. Febr. 1861. Hamb. GZ. I. 26.

Der Frachtführer „darf späteren Anweisungen des Absenders . . . nur dann Folge leisten, wenn ihm der Ladeschein zurückgegeben wird."[1]) Man sieht es dieser Bestimmung im Vergleich zu art. 661 sofort an, dass sie, wie auch der Gang der Beratungen zeigt,[2]) für die einfacheren Verhältnisse des Binnenverkehrs möglichst einfach gehalten ist. Darin liegt wohl nicht die Ausschliessung der Anwendung der eingehenderen Bestimmungen von art. 661. Die dort gegebene Unterscheidung der Order- und Rektakonnossemente und die daraus gezogenen Folgerungen beruhen so sehr auf dem Wesen und den Folgen der Order- oder Rektaqualität dass sie wohl auch für den Ladeschein anwendbar sind.

Die Erwähnung allein des Absenders als befugt Aenderungen zu verlangen ist nicht einschränkend zu interpretiren. Denn da in Hinsicht auf sämtliche Dispositionsbefugnisse der durch den Ladeschein legitimirte Empfänger an die Stelle des Absenders tritt,[3]) so kann er auch — gegen Rückgabe des Ladescheins — Erfüllung unter Modifizirung des Auslieferungsversprechens verlangen.

Ueber den Umfang solcher Modifikationen bestimmt art. 416: „Anweisungen . . wegen Zurückgabe oder Auslieferung des Gutes an einen andern als den durch den Ladeschein legitimirten Empfänger". Offenbar sind damit nicht die einzigen, sondern nur die gewöhnlichsten Anweisungsbefugnisse angegeben, die der Absender als solcher in Folge der Ausstellung des Ladescheins verliert. Besonders bestritten ist indes die Frage, ob von dem Inhaber des Ladescheins die Modifikation des Versprechens am Bestimmungsort abzuliefern, also ob auch vorher schon die Ablieferung verlangt werden kann.[4]) Da aber in Bezug auf die Dispositions-

---

[1]) HGB. art. 416.
[2]) Prot. 4775. — Koch, art. 416 A. 57. — Eger III. 75. — Anderer Meinung: Goldschmidt, § 75 S. 765 N. 94, 2. — Puchelt, art. 416 No. 3.
[3]) arg. art. 416 Satz 2. — Eger III. 78.
[4]) Goldschmidt, § 75 S. 765 N. 94 No. 3. — Anders: v. Kräwel, S. 593. — Brix, S. 411. — Eger III. 91.

befugnisse über das Gut der legitimirte Inhaber des Ladescheins an die Stelle des Absenders tritt, so ist jene Möglichkeit schon nach art. 416 anzunehmen; zudem steht analoger Anwendung von art. 661 nichts im Wege, da bei Ausstellung nur **Eines** Ladescheins dieser der Wirkung nach gleich **sämtlichen** Exemplaren, bei Ausstellung mehrerer Ladescheine aber stets auf die Konnossementsbestimmungen zurückzugehen ist.

Kapitel VI.
Die Haftung aus dem receptum und Ausschliessung derselben.

Für die Zeit des Transportes, also von der Empfangnahme bis zur Ablieferung des Gutes haftet der Schiffer wie der Frachtführer für Verlust oder Beschädigung des Gutes, und zwar über Verschulden hinaus,[1]) nach den jetzt schlechthin geltenden, aber modifizirten Grundsätzen des receptum. Er wird nur frei durch den Nachweis, dass Verlust oder Schaden erstanden sind: durch die natürliche Beschaffenheit des Gutes, oder durch äusserlich nicht erkennbare Mängel der Verpackung, oder durch eigene Schuld des Absenders, oder durch höhere Gewalt.

An dieser Haftung aus dem receptum wird durch Ausstellung eines Konnossements oder Ladescheins nichts geändert.[2]) Die Zulässigkeit der befreienden Beweise auch gegen den auf Grund des Konnossements berechtigten Empfänger ist Voraussetzung der im Konnossement erwähnten Transportverpflichtung.

Beim Ladeschein können wir diesen eigentlich selbstverständlichen Punkt auch wohl unter denjenigen finden, wo nach ausdrücklicher Bestimmung des Gesetzes trotz Ausstellung eines Ladescheins „im Uebrigen" die Rechtssätze vom Frachtvertrag zur Anwendung kommen.[3])

---

[1]) HGB. artt. 395, 400, 607.
[2]) Goldschmidt, § 72 S. 691.
[3]) HGB. art. 419.

Die Möglichkeit einer vertragsmässigen Beschränkung der Haftung ex recepto ist beim Frachtvertrag gegeben; insbesondere gelten einseitige aber vom Absender zugelassene Klauseln im Frachtbriefe als leges contractus.

Im Falle der Ausstellung eines Konnossements müssen solche Klauseln, um gegenüber dem Empfänger wirksam zu sein, natürlich in das Konnossement aufgenommen sein. So bestimmt noch ausdrücklich art. 659. Ueber die Voraussetzungen, unter denen dem Schiffer die Beifügung solcher Klauseln, wie „frei von Bruch", „frei von Leckage", „frei von Beschädigung" gestattet ist, wird nichts gesagt. Die Statthaftigkeit der Aufnahme wird sich wohl danach richten, ob der Ablader ein derartiges Konnossement annehmen will oder — nicht rechtlich, aber — thatsächlich gezwungen sein kann, es anzunehmen.

Selbstverständlich ist Ablehnung der Haftung insoweit unstatthaft als Bruch oder Beschädigung schon bei der Abladung wahrnehmbar gewesen oder gar wahrgenommen worden sind.[1])

Die Wirkung aber der giltig gesetzten Klauseln ist einmal Ablehnung der Beweislast, indem nicht der Schiffer, sondern der Empfänger beweisen[2]) muss, sodann Minderung der Haftung[3]), indem nur für den nachweislich durch das Verschulden des Schiffers oder einer Person, für welche der Verfrachter verantwortlich ist, verursachten Schaden einzustehen ist.[4])

Die Zulassung solcher die Haftung ex recepto beschränkenden Klauseln beim Ladeschein dürfte ausser allem

---

[1]) HGB. art. 660. — ROHG. 16. Februar 1875. Entsch. XVI. 139. Handelsgericht zu Hamburg, 1. Febr. 1866 in Hermann u. Hirsch No. 194. — Handelsgericht zu Hamburg, 14. Okt. 1869. HGZ. III. 33. — Handelsgericht zu Hamburg, 21. Jan. 1873. HGZ. VI. No. 215.

[2]) Handelsgericht zu Hamburg, 12. Sept. 1862. Hamb. GZ. II. 307.

[3]) Lewis, art. 659 No. 1.

[4]) Handelsgericht zu Hamburg, 12. Juni 1873 in der Z. f. HR. XIX. 229. — Handelsgericht zu Hamburg, 23. März 1875 in Busch XXXVI. 288.

Zweifel sein. Unsere Ablehnung der einschränkenden Wirkung der Klauseln von artt. 656, 657 für den Ladeschein steht nicht entgegen, da diese Klauseln die Haftung aus dem Bekenntnis, die Konsequenzen aus der vollkommenen Skripturobligation des Konnossements auszuschliessen bestimmt und von den hier behandelten scharf geschieden sind.[1])

Zu erwähnen ist noch, dass neuerdings für das Konnossement viel weiter gehende Befreiungsklauseln aufgekommen sind, durch die all und jede Haftung des Rheders aus dem receptum beseitigt wird[2]) und nur bestehen bleibt die nicht ausschliessbare Haftung desselben aus eigenem dolus und eigener culpa und die Verantwortlichkeit für die Folgen der Versehen des Schiffers in seiner Eigenschaft als geschäftlicher Vertreter des Rheders.[3])

Wir möchten diese, durch ein geradezu faktisches Monopol der grossen Dampferlinien aufgekommenen allzuweiten Befreiungen des Rheders als für die Bedürfnisse des Verkehrs schädlich erachten. Aber auf Grund des bestehenden Gesetzes ist ihnen die beabsichtigte Wirkung nicht abzusprechen. Urteile der Gerichtshöfe, die dies versuchen, entsprechen mehr der Billigkeit wie dem geltenden Recht.

Eine Anwendung auf den Ladeschein beanspruchen diese weitgehenden Klauseln bis jetzt nicht und verdienen sie gewiss nicht.

---

[1]) ROHG. 8. Dez. 1874. Entsch. Bd. XV. 381. — RG. 16. April 1881. Entsch. Bd. IV. 88.

[2]) Lewis, art. 659 No. 4. — Lewis. Die neuen Konnossementsklauseln 1885 pag. 10—42.

[3]) Urteil der Common Pleas-Abteilung des High Court of Justice in Goldschmidt, Z. f. HR. XXVI. 496. — Allerdings erklärt das Handelsgericht zu Hamburg. 12. Okt. 1874: „Derartige dem Wesen des Frachtvertrags widersprechende Klauseln haben auf richterliche Beachtung keinen Anspruch." HGZ. VIII. No. 22.

III. Theil.

Schluss.

Wir sind am Ende unserer Untersuchung angelangt. Betrachten wir das Ergebnis derselben:

In Betreff der Ausstellung, und zwar des Zweckes, der Art, des Gegenstandes derselben, sind Konnossement und Ladeschein im allgemeinen den gleichen Rechtssätzen unterworfen;

in Betreff der Uebertragung und zwar sowohl der obligatorischen wie der dinglichen Wirkung derselben herrscht bei Konnossement und Ladeschein vollkommene teils im Gesetz ausgedrückte, teils durch Analogie hergestellte Gleichheit;

in Betreff der Erfüllung gelten bei beiden Instituten die gleichen Rechtssätze insoweit, als nicht durch den Unterschied der sich ergebenden Skripturobligation ein Anderes bedingt ist.

Dieser Unterschied aber ist es, der die praktisch wichtigsten Konsequenzen mit sich führt. Beim Konnossement ist durch Setzung aller ihrer Folgerungen eine vollkommene Skripturobligation hergestellt; beim Ladeschein ist durch Weglassung der hauptsächlichsten Konsequenzen eine unvollkommene „hinkende" Skripturobligation anerkannt, und zwar hinkend in Bezug auf die so wichtige Vertretung der Hauptpunkte des Empfangsbekenntnisses.

Damit ist zugleich gesagt, dass nicht die Konnossementsobligation durch Zufügung positiver Sätze vermehrt und ausgebildet, sondern die Ladescheinobligation durch Weglassung wichtiger Folgerungen abgeschwächt, oder vielmehr nicht in gleicher Konsequenz entwickelt ist.

Und hiernach richtet sich dann auch die Anwendbarkeit der Rechtssätze des Konnossements auf den Ladeschein.

In der Theorie mussten wir in fast allen Punkten grosse Verschiedenheit der Ansichten constatiren.

Die von uns gefundenen Resultate entsprechen den thatsächlichen Verhältnissen, den Ansichten des Verkehrs und meist auch der Praxis, aus deren Urteilen sie grossenteils geschöpft sind. Die durchgehende Berücksichtigung dieser Faktoren mag unsere Untersuchung berechtigt und — hoffentlich — fördernd erscheinen lassen.

Verzeichnis der angeführten Erkenntnisse.

I. Entscheidungen des Reichsoberhandelsgerichts

vom 10. Januar 1871:	Entsch. Bd. I. S. 200; auch in Seufferts Archiv XXV. No. 161.	
„ 26. Mai 1871:	Entsch. Bd. II. S. 330.	
„ 30. Juni 1871:	„ „ III. S. 24.	
„ 7. Juni 1872:	„ „ VI. S. 300.	
„ 10. Dezember 1872:	„ „ VIII. S. 192.	
„ 21. Januar 1873:	„ „ VIII. S. 410.	
„ 19. November 1873:	„ „ XI. S. 415.	
„ 14. Februar 1874:	„ „ XII. S. 127.	
„ 9. Mai 1874:	„ „ XIII. S. 242.	
„ 26. Juni 1874:*	„ „ XIV. S. 130.	
„ 20. Oktober 1874:	„ „ XIV. S. 336.	
„ 8. Dezember 1874:	„ „ XV. S. 381.	
„ 16. Februar 1875:	„ „ XVI. S. 139.	
„ 9. April 1875:	„ „ XVII. S. 72; auch in Seufferts Archiv XXVI. No. 168.	
„ 17. April 1875:	Entsch. Bd. XVII. S. 96.	
„ 3. Oktober 1876:	„ „ XXI. S. 80.	
„ 30. Mai 1879:	„ „ XXV. S. 192.	
„ 13. September 1879:	„ „ XXV. S. 340.	

II. Entscheidungen des Reichsgerichts in Zivilsachen

vom 9. Oktober 1880:	Entsch. Bd. II. S. 127.	
„ 15. Dezember 1880:	„ „ III. S. 101.	
„ 2. Februar 1881:	„ „ IV. S. 147.	
„ 16. April 1881:	„ „ IV. S. 87.	
„ 1. Oktober 1881:	„ „ V. S. 80.	
„ 12. März 1883:	„ „ VIII. S. 87.	

III. Erkenntnisse des Preussischen Obertribunals

vom 26. April 1864: in Seufferts Archiv XX. No. 170.
„ 7. Mai 1865: in Busch's Archiv Bd. IX. S. 270 ff.
„ 28. November 1865: in Striethorst Bd. 60 S. 282; auch in der Z. f. HR. Bd. XII. S. 590; auch in Siebenhaars Archiv Bd. XVII. S. 193.

vom 19. September 1867: in Striethorst Bd. 68 S. 174; auch in Siebenhaars Archiv Bd. XVIII. S. 395.
„ 28. Januar 1868: in Striethorst Bd. 71 S. 44; auch in der Z. f. HR. Bd. XIX. S. 580.

IV. Erkenntnis des Kom. und Adm. Kollegs Königsberg
vom 11. Juni 1868: im Centralorgan N. F. Bd. V. S. 211.

V. Erkenntnis des See- und Handelsgerichts zu Stettin
vom 8. Juni 1866: Buschs Archiv Bd. X. S. 397.

VI. Erkenntnisse des Handelsgerichts zu Hamburg
vom 14. April 1851: Ullrich No. 15.
„ 1. November 1852: Ullrich No. 80.
„ 6. September 1858: Seebohm No. 30.
„ 6. September 1858: Seebohm No. 31.
„ 8. September 1859: Seebohm No. 89.
„ 21. Februar 1861: Hamb. GZ. I. 26.
„ 5. Februar 1862: Hermann und Hirsch No. 4.
„ 12. September 1862: Hamb. GZ. II. 37
„ 20. September 1865: Hermann und Hirsch No. 176.
„ 1. Februar 1866: Hermann und Hirsch No. 194.
„ 11. November 1867: Buschs Archiv XII. S. 463.
„ 15. März 1868: HGZ. III. 115.
„ 7. Mai 1868: HGZ. III. 68.
„ 9. Juli 1868: Buschs Archiv XVI. S. 188; auch in Kierulf II. S. 350.
„ 26. September 1868: HGZ. I. 238.
„ 5. Januar 1869: HGZ. III. 24.
„ 14. Oktober 1869: HGZ. III. 33.
„ 20. Januar 1870: HGZ. III. 261.
„ 30. Januar 1872: HGZ. V. 50.
„ 4. August 1872: HGZ. V. 106.
„ 25. Oktober 1872: HGZ. V. 290.
„ 18. November 1872: HGZ. VI. 25.
„ 21. Januar 1873: HGZ. VI. 215.
„ 16. Mai 1873: HGZ. VII. 268.
„ 3. Juni 1873: HGZ. VII. 16.
„ 12. Juni 1873: Z. f. HR. XIX. S. 229.
„ 24. November 1873: HGZ. VII. 27.
ohne Datum 1873: HGZ. VII. 286.
vom 9. Januar 1874: HGZ. VIII. 2.
„ 12. Oktober 1874: HGZ. VIII. 22.

" 23. März 1875: Buschs Archiv XXXVI. S. 288.
" 26. Februar 1877: HGZ. X. 61.
" 21. September 1877: HGZ. X. 195.
" 17. Juli 1878: HGZ. XI. 158.
" 19. September 1878: Buschs Archiv XXVII. 151.
" 16. Januar 1879: HGZ. XII. 37.
" 24. März 1879: HGZ. XII. 40.

VII. Erkenntnisse des Obergerichts zu Hamburg

vom 23. Oktober 1868: Kierulf II. S. 351; auch in Buschs Archiv XVI S. 191.
" 11. Juli 1873: Z. f. HR. XIX. S. 230.
" 23. November 1877: HGZ. X. 215.

VIII. Erkenntnisse des Oberappellationsgericht zu Lübeck

vom 14. Juni 1866: Kierulf II. S. 405.
" 29. April 1867: Kierulf III. S. 318.
" 22. Juni 1869: Seuffert XXIV. No. 73; auch in Z. f. HR. XIX. S. 561.
" 27. Januar 1870: Kierulf VI. S. 51.

IX. Erkenntnisse des Oberlandesgerichts zu Hamburg

vom 21. Juni 1882: Seuffert N. F. VIII. No. 150.
" 20. Februar 1883: Hans. GZ. IV. 46.
" 16. Mai 1883: Seuffert N. F. VIII. No. 332.
" 21. Oktober 1883: Seuffert N. F. X. No. 92; auch in Hans. GZ. IV. 127.